Peter Hohwiller

99 Tipps

Für Englisch

Cornelsen

Dr. Peter Hohwiller unterrichtet Sprachen am Gymnasium und ist in der Lehrerbildung tätig.

Projektleitung: Franziska Wittwer, Berlin
Redaktion: Karolin Gerhardi, Köln
Illustration: Mone Schliephack, Niedernhausen-Oberjosbach
Fotos: S. 30 stop-schild © O. M., Tankstelle © reeel, Gefahrstelle-Gefahrzeichen © reeel,
30 Zone Vorbei © PictureP. – Fotolia.com
Umschlagkonzept: Jule Kienecker, Berlin
Umschlaggestaltung: LemmeDESIGN, Berlin
Layout/technische Umsetzung: Julia Walch, Bad Soden
Die Reihenkonzeption wurde von Cornelia Colditz und Claudia Kahlenberg im Rahmen eines studentischen Wettbewerbs im Studiengang Verlagsherstellung an der HTWK Leipzig (www.verlagsherstellung.de) unter Leitung von Julia Walch, Bad Soden, entwickelt.

www.cornelsen.de

1. Auflage 2014

Druck: CPI – Clausen & Bosse, Leck

ISBN 978-3-589-23262-8

Inhalt gedruckt auf säurefreiem Papier aus nachhaltiger Forstwirtschaft.

Inhaltsverzeichnis

Ton-, Film- und Bildmaterial

Sprechen

Schreiben

Differenzierung

Leistungsbewertung

Rückschlüsse aus der Hattie-Studie

Vorwort

Englischunterricht ist ein vergleichsweise schwieriges Geschäft geworden. Ein Blick in Fortbildungskataloge, Vorlesungsverzeichnisse und Verlagsprospekte führt dem geneigten Lehrer eine Vielzahl neuer Handlungsfelder vor Augen: Individualisierung, Differenzierung, die Hattie-Studie – dies alles und noch mehr gilt es also zu beherzigen.
Doch genau das ist aus zwei Gründen gar nicht so einfach. Erstens bringen diese Neuerungen einen erheblichen Aufwand für den Lehrer mit sich. Es müssen Fortbildungen besucht, einschlägige Forschungsergebnisse verarbeitet, Methoden erlernt und möglicherweise lieb gewonnene Handlungsabläufe überdacht werden. Und das alles bei vollem Deputat und den niemals kleiner werdenden Korrekturbergen!
Gerade auch das Verarbeiten von Forschungsergebnissen ist eine sehr aufwendige Beschäftigung, weil diese neuen Einsichten erst auf die eigene Schule, die eigenen Lerngruppen und zuweilen auch auf das eigene Fach heruntergebrochen werden müssen: Forschung in Alltagsunterricht zu übersetzen ist eine Kunst für sich.
Neuerungen zu berücksichtigen ist – zweitens – zuweilen auch deshalb schwierig, weil Englischunterricht schon in seinen Grundfesten verzwickt ist. Spracherwerb ist und bleibt für Lehrende und Lernende eine vielschichtige Angelegenheit – selbst einfachste Wortschatzarbeit hat beachtliche neuronale Hürden zu nehmen. Und genau das ist die Zwickmühle, in der sich viele Englischlehrer insbesondere zu Beginn ihrer Laufbahn befinden: Die Kür des Englischunterrichts (Differenzierung, Hattie-Studie) ist erstaunlich kompliziert, und der Pflichtbereich (Lexik, Grammatik, Textarbeit) ist ebenso tückisch.

Der vorliegende Band wurde geschrieben, um Englischlehrern eine Hilfestellung zum Umgang mit den beiden genannten Schwierigkeiten zu geben. In ihm wird gezeigt, wie mit überschaubarem Aufwand sowohl die Kernbereiche des

Englischunterrichts bewältigt als auch neueren fachdidaktischen Forderungen Genüge getan werden kann. Dies wird auch an der Kapiteleinteilung ersichtlich: Während die ersten sechs Kapitel mit jeweils elf Tipps die Grundlagen des Fachs abdecken, werden mit den letzten drei die beiden in der pädagogischen Debatte der jüngsten Zeit bedeutendsten Themen – Differenzierung und „*Visible Learning*" (Hattie-Studie) – sowie der immerzu neuralgische Punkt der Leistungsbewertung aufgegriffen.
Alle 99 Tipps sind aus der Praxis für die Praxis entwickelt, erprobt und überarbeitet worden. Natürlich wurde dabei eine subjektive Auswahl getroffen, und dies und jenes musste bei 99 Tipps außen vor bleiben.

Zu guter Letzt: Versuchen Sie nicht, am kommenden Montag alle Tipps auf einmal umzusetzen. Picken Sie sich zwei, drei heraus, die Ihnen sinnvoll erscheinen. In der Folgewoche können Sie dann zwei andere ausprobieren.
Ich wünsche Ihnen hierbei gutes Gelingen!

Mit kollegialen Grüßen

Peter Hohwiller

Ich widme diese 99 Tipps meinen Eltern,
die beide während meiner Arbeit an dem Buch verstarben.

PS: Aus Gründen der besseren Lesbarkeit wird in diesem Buch durchgehend die männliche grammatische Form verwendet. Natürlich sind damit auch immer Frauen und Mädchen gemeint, also Lehrerinnen, Schülerinnen usw.

10 Top-Tipps … Die Lieblingstipps des Autors!

1 Mit Wortschatzarbeit ernst machen

Es ist eine sprachwissenschaftliche Binsenwahrheit, dass Wortschatz und Grammatik, sofern überhaupt trennbar, mindestens ebenbürtig sind. Ein paar Beispiele zur Verdeutlichung: Selbst ein mittleres Englischwörterbuch für die Sekundarstufe I ist umfangreicher als eine ausführliche Grammatik für die Sekundarstufe II. Auch das Vokabelverzeichnis eines Lehrwerks ist üblicherweise länger als sein Grammatikkapitel. Und für einen Bedingungssatz wie *If I had enough time, I would go to the cinema* müssen weniger grammatische als lexikalische Puzzleteile zusammengefügt werden – zählen Sie ruhig nach!

Umso überraschender ist es, dass wir Lehrer im Allgemeinen dennoch der Grammatik einen höheren Stellenwert beimessen. Auch hier ein paar wenige Beispiele: Zumindest am Gymnasium ist es vielfach unüblich, in einer Klassenarbeit Wortschatz abzuprüfen, weil das, so sagt man hinter vorgehaltener Hand, nicht anspruchsvoll genug sei (Tipp 8, 80). Ferner findet Wortschatzarbeit vielfach außerhalb des Klassenzimmers statt – nämlich dann, wenn es heißt: Lernt die Wörter bis zur nächsten Stunde (Tipp 11). Zu guter Letzt sprechen auch Klassenbucheinträge eine deutliche Sprache – schauen Sie doch einmal heimlich in ein Klassenbuch und überprüfen Sie, wie häufig in den Fremdsprachen reine Wortschatzarbeit betrieben wird.

› Tipp 8, 80

› Tipp 11

Kurzum: Das linguistische Gleichgewicht von Lexik und Grammatik wird zugunsten eines alltagdidaktischen Übergewichts an Grammatik aufgegeben. Diese Schräglage gilt es indes zu vermeiden.

Wie Sie als Englischlehrer mit der Wortschatzarbeit professionell ernst machen können, das erfahren Sie in den nächsten Tipps (Tipp 2–4).

› Tipp 2–4

Gleich mal ausprobieren

Ein gutes Lehrwerk nimmt Ihnen hier viel Arbeit ab. Nutzen Sie die Übungen zum Wortschatz – nicht nur ausgelagert als Hausaufgabe, sondern auch in Ihrem Unterricht.

2 Wortschatz heimlich üben (1)

Es kann vorkommen, dass eine Englischlehrkraft einer Lerngruppe über mehrere Jahre hinweg erläutert, wie man etwas nicht sagt beziehungsweise nicht schreibt. *You just can't say it like that!* Dabei ist es unerlässlich, sprachliches Vorbild zu sein und zu zeigen, wie man etwas sagt oder schreibt, gerade auch in lexikalischer Hinsicht.

Schriftsprachliches Vorbild sind Sie vor allem, wenn Sie ein Tafelbild entwerfen. Überlegen Sie sich von vornherein, wie Sie dieses lexikalisch verfeinern. Ob es nun um eine neue grammatische Struktur, einen landeskundlichen Überblick oder um die Arbeit mit einem Sachtext geht: Arbeiten Sie in Ihrem Tafelbild heimlich an dem Wortschatz Ihrer Schüler. Schreiben Sie also nicht:

Tafelarbeit zur Wortschatzarbeit nutzen

Bath is

- *in South West England*
- *between London and Bristol*
- *in the county Somerset and 84.000 people live there*

Sondern vielmehr:

Bath is
- situated in South West England
- located between London and Bristol
- part of the county Somerset
- home to 84.000 Bathonians

Der erste Tafelanschrieb kann schon stilistisch nicht überzeugen. Vor allem aber bringt er lexikalisch einem Schüler der neunten Jahrgangsstufe allenfalls den selten gebrauchten Begriff des *county* näher. Der zweite Anschrieb ist zwar ebenfalls stichwortartig notiert – dennoch ist er stilistisch gelungener, da er ohne Ellipsen auskommt. Zudem überragt er in lexikalischer Hinsicht den ersten geradezu haushoch, weil den Schülern gleich vier mehrgliedrige Ausdrücke untergejubelt werden: *be situated in, be located between, be part of, be home to*. Das Beste dabei: Die beiläufig eingeführten Ausdrücke erklären sich aus dem Zusammenhang – es dürften also wenig bis gar keine Rückfragen zu diesen erfolgen.

Achtung!

Dieser Tipp will keine Lanze brechen für ein vollständig vorgefertigtes Tafelbild, in dem für Schülerbeiträge kein Platz mehr ist. Selbstverständlich übernehmen Sie diese möglichst im O-Ton, spendieren aber zwei, drei neue Verben dazu.

Gleich mal ausprobieren

In der Sekundarstufe II, wo vielfach kein Lehrwerk mit Vokabelverzeichnis abgearbeitet wird, können Sie diesen Tipp sogar noch ausbauen. Unterstreichen Sie in Ihren Tafelbildern und auf Ihren Arbeitsblättern die Ausdrücke, die Ihnen merk-würdig erscheinen. Erläutern Sie Ihrer Lerngruppe den Hintergrund und fordern Sie die Schüler auf, diese unterstrichenen Ausdrücke fortan zu lernen.

3 Wortschatz heimlich üben (2)

› Tipp 2

Schriftsprachliches Vorbild sind Sie nicht nur beim Erstellen eines Tafelbildes (und eines Arbeitsblatts; Tipp 2), sondern auch an anderer, entlegenerer Stelle, nämlich beim Korrigieren.

Selbstverständlich meldet ein Lehrer dem Schüler über die Korrektur zunächst einmal zurück, wie etwas nicht gesagt beziehungsweise geschrieben werden kann. Doch dieser Vorgang ist nicht einmal die halbe Miete: Denn das Wissen, das der Schüler aufgrund dieser Negativkorrektur erlangt, ist letztlich nur Negativwissen: „So kann ich's also nicht schreiben". Die ungleich bedeutendere Frage – „Und wie soll ich es nun schreiben?" – bleibt unbeantwortet.

Positivkorrektur ist ein Muss

Deshalb ist es unumgänglich, positiv zu korrigieren. Das heißt, dass neben dem Kenntlichmachen eines Fehlers auch ein Verbesserungsvorschlag seitens des Lehrers zu erfolgen hat. Und genau hier kommt die heimliche Wortschatzarbeit ins Spiel. Bieten Sie über die Positivkorrektur den Schülern auch lexikalische Verbesserungsmöglichkeiten. Bei den Schülern der unteren Klassen machen Sie das ohnehin. Heißt es in der Personenbeschreibung eines Sechstklässlers etwa *yellow hair*, so werden Sie dies gewiss zunächst ahnden, indem Sie *yellow* durchstreichen, dann aber eine Verbesserung mit *blonde hair* am Rand anbieten.

Bei manchen Lehrern hört diese Form der lexikalischen Korrektur ab einer bestimmten Klassenstufe auf. An ihre Stelle rückt dann das große Unterringeln, mit dem gekennzeichnet wird, dass syntaktisch, lexikalisch, grammatisch oder stilistisch irgendetwas nicht ganz astrein ist. Dabei handelt es sich aber um nichts anderes als eine Negativkorrektur.

Unterbreiten Sie deshalb durchgängig lexikalische Verbesserungsvorschläge und arbeiten Sie auf diese Weise beiläufig an dem Wortschatz Ihrer Schüler. Zwei Beispiele:

- Carl schreibt: *He eats two burgers and chips and he eats some cake and drinks some coffee.*
  Sie bieten an: *He eats two burgers, ~~and~~ chips and ~~he eats~~ some cake. ~~and~~* ***Moreover****, he drinks some coffee.*
- Sibel schreibt: *On that day, she got a letter and she even got an email from her old friend.*
  Sie bieten an: *On that day, she got a letter and she even ~~got~~* ***received*** *an email from her old friend.*

Zeit an anderer Stelle sparen

› Tipp 88

Ja, das verlängert die ohnehin unbeliebte Korrekturarbeit. Aber es gibt Möglichkeiten, an anderer Stelle diese vermeintlich verlorene Zeit wieder wettzumachen (Tipp 88).

4 Wortschatz heimlich üben (3)

Hier noch ein letzter Tipp zur heimlichen Wortschatzarbeit. Dieser eignet sich eher für die höheren Klassen, also etwa ab Klasse zehn.

› Tipp 3

Englischlehrer sind natürlich nicht nur Vorbilder in Bezug auf ihre schriftliche (Tipp 3), sondern auch auf ihre mündliche Sprachkompetenz. Hinsichtlich ihrer Aussprache, Betonung und Satzmelodie sollten sie ebenso ein Beispiel sein wie in Bezug auf Flüssigkeit, Richtigkeit und Angemessenheit. Sie müssen zudem das nachahmenswerte Muster eines abwechslungsreichen Verfügungswortschatzes abgeben.

Unterrichtsgespräch zur Wortschatzarbeit nutzen

Führen Sie deshalb ein Unterrichtsgespräch auch unter der Maßgabe Wortschatzerweiterung. Zwei Kniffe sind hierbei hilfreich.

› Tipp 2

Erstens können Sie Schülerantworten anreichern – geradewegs so, wie es auch beim Tafelbild geschieht (Tipp 2). Sehr häufig fassen Sie ja die Äußerungen von Schülern noch einmal zusammen oder setzen verschiedene Beiträge zueinander in Beziehung. Dabei können Sie bewusst mit Synonymen arbeiten:

Lehrer: *So what does it take to have success?*

Paul: *The most important thing is hard work, I believe.*

Moritz: *But sometimes you need to have the right friends to get what you want.*

Caroline: *Well, money is definitely not a disadvantage!*

Lehrer: *I see. So Paul says that you must work hard* ***to reach your goals****, whereas you, Moritz, believe that you need the right people* ***to achieve something****. And Caroline thinks that* ***to attain something*** *you also need the right resources.*

Wenn dies Ihrer Lehrerpersönlichkeit entspricht, können Sie die Synonyme auch körpersprachlich untermalen.

Zweitens haben Sie die Möglichkeit, bei den eigenen Anweisungen, Bemerkungen, Zusammenfassungen und Lehrervorträgen an ausgewählten Stellen Synonyme einzubauen.

› Tipp 96

Ein Unterrichtseinstieg (Tipp 96) könnte dann zum Beispiel so lauten:

Today we want to understand Lady Macbeth's character. By

analysing one of her famous monologues, you will **grasp** *her thirst for recognition. This will also help you* **come to grips** *with her darker side. At the end of the lesson, I will show a short scene, from which you might* **gather** *some more ideas about the queen.*

Fehler beim Semantisieren vermeiden

5

Semantisieren, also das Erklären unbekannter Vokabeln, nimmt in der Ausbildung von Englischlehrern einen hohen Stellenwert ein. Und dies zu Recht, denn beim Semantisieren schleichen sich gerne diverse handwerkliche Fehler ein (vgl. Thaler 2012, S. 234):

Häufige Fehler beim Semantisieren

› Tipp 6

- Ein entlegenes englisches Wort wird wortreich auf Englisch erläutert, wenngleich die deutsche Übersetzung oder ein Beispiel (Tipp 6) schneller zum Ziel geführt hätten. (*A power plant, or, as you might also say, a power station, is a building or group of buildings where electricity is produced. This is usually done on a nuclear basis, which means that atom splitting is involved. A power plant that all of you know is Fukushima. Many people in Germany do not particularly like power plants.*)
- Es wird vollständig auf Deutsch semantisiert.
- Der Lehrer führt zuerst die Schreibung, dann die Lautung des neuen Wortes ein.
- Die Erklärung ist nicht eindeutig. (Lehrer: *Protesters are people walking down the streets, singing special chants that express their wishes. Ok, what's protester in German, Lena?* Lena: *Something like "Fußballfan"?*)
- Die Schlüsselbegriffe eines Textes werden nach dem ersten Lesen semantisiert.
- Der Blick ist zu sehr auf das Einzelwort gerichtet – Präpositionen (*symbol of*), mehrgliedrige Ausdrücke (*to look forward to doing something*), Kollokationen (*to remember vaguely*) oder auch morphologische Besonderheiten bleiben außen vor (*one ox, two oxen*).

- Der Lehrer fragt die Lerngruppe, was ein schwer ableitbares, möglicherweise sogar entlegenes englisches Einzelwort auf Deutsch bedeuten könnte. (Versetzen Sie sich selbst in die Lage: Was bedeutet das jiddische *shoyb*?)
- Der Lehrer teilt fortgeschrittenen Lernern einen neuen Text aus, in dem nicht eine einzige Vokabel erläutert wird.
- Es wird mehr Zeit auf das Semantisieren verwandt als auf die eigentliche Textarbeit.

› Tipp 6, 7

Sich dieser häufigen Fehler bewusst zu sein ist ein erster Schritt, um sie zu vermeiden (Tipp 6, 7).

Um die Ecke gedacht

Obwohl sogar letztlich deutschen Ursprungs, können wir wohl kaum erraten, dass *shoyb* Fensterscheibe bedeutet.

6 Effektiv semantisieren

› Tipp 5

Wie lassen sich die beim Semantisieren typischen Fehler (Tipp 5) vermeiden? Effektiv semantisieren bedeutet, fremde Vokabeln

- aufgeklärt einsprachig,
- eindeutig,
- lernwirksam und
- ökonomisch

zu erklären.

Aufgeklärt einsprachig erklären

Aufgeklärt einsprachig heißt, dass grundsätzlich Englisches mit Englischem erläutert wird. Wo jedoch eine deutsche Übersetzung übermäßig ausladendes Semantisieren ersetzen kann, darf sie gerne angewandt werden.

Eindeutig erklären

Das Gütemerkmal der Eindeutigkeit ist das schwierigste. Ärgerlicherweise gibt es unter den zahlreichen Semantisierungstechniken auch nur wenige Klarheit stiftende Allzweckwaffen. Diese sind:

- Übersetzen
- Zeigen (*This is a pencil.*)
- Malen (*This is what a screwdriver looks like.*)
- Vormachen (*Ok, to yawn is this …*)
- Erklärung durch ein Beispiel (*Fukushima is a power plant.*)
- Erklärung durch das Gegenteil (*You know the word insane – to be sane is the opposite.*)
- Erklärung durch Kontextualisierung (*When it is raining, you will probably need a mackintosh as a jacket.*)

Merk-würdig erklären

Lernwirksamkeit setzt dort ein, wo gleichsam merk-würdig semantisiert wird. Auch hier ein paar Beispiele (vgl. Kieweg/ Kieweg 2002, S. 20–23):

- Wörtliches Übersetzen bei idiomatischen Ausdrücken (*to beat about the bush*)
- Schriftspiele bei urverwandten Ausdrücken:

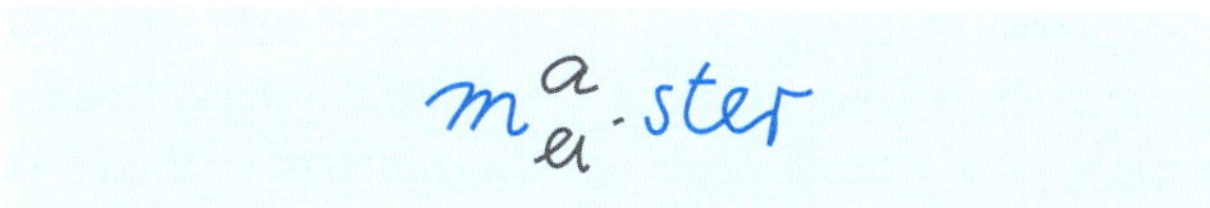

- Visualisierungen:

- Klangbilder, bei denen das Bild den Klang des neuen englischen Begriffs darstellt und gleichzeitig dessen deutsche Bedeutung zeigt:

Ökonomisch erklären

Das Gütemerkmal der Ökonomie verweist insbesondere auf die Dauer des Semantisierens. Aller Wichtigkeit des Wortschatzes zum Trotz: Das einführende Erklären fremder Wendungen darf nicht mehr Zeit beanspruchen als die eigentliche Textarbeit. Auch der Aufwand beim Semantisieren sollte verhältnismäßig sein – man ist nicht zwangsläufig ein guter Lehrer, wenn man jeden zweiten Tag eine Einkaufstasche voller Realia zur Schule schleift.

Gleich mal ausprobieren

Eine Stunde, in der die Lernenden angehalten werden, zu neuer Lexik eigene Schriftspiele, Visualisierungen oder sogar Klangbilder zu erstellen, ist alles andere als verlorene Zeit. Und die Schüler haben erprobtermaßen Freude an solchen kreativen Verfahren der Wortschatzarbeit.

7 Neue Lexik vernetzen

Das Gehirn des Lernenden ist kein Zettelkasten, in den neue Begriffe wahllos hineingeworfen werden und ungeordnet verstauben. Es ist vielmehr ein vielschichtiges Ablagesystem, in dem jedes *lexical item* über unterschiedliche Netzwerke mit anderen verbunden ist (vgl. Kieweg 2002, S. 9). So gibt es unter anderem semantische Verknüpfungsebenen (Wortfelder, Synonyme, Antonyme), syntaktische (Kollokationen, Präpositionen), morphologische (Wortfamilien), phonetische (ähnlich Klingendes, Reimwörter) und auch affektive Verknüpfungsebenen (meine liebsten Gemüsesorten).

Netzwerkprinzip des mentalen Lexikons nutzen

Was uns Lehrern diese theoretische Einführung sagen will, ist dies: Das Netzwerkprinzip des mentalen Lexikons muss auch im Englischunterricht zum Tragen kommen. Das Miteinander-in-Beziehung-Setzen von neuen Begriffen muss daher das leitende didaktische Prinzip zeitgemäßer Wortschatzarbeit sein.

Die Verfahren, mit denen dies im Unterricht umgesetzt werden kann, sind gleichermaßen einfach wie vielfältig. Einige Vorschläge:

- Sie verpacken die neue Lexik in eine spannende Geschichte und erzählen diese mit entsprechender stimmlicher und körpersprachlicher Untermalung.

- Vor dem ersten Lesen des Textes über *cyber bullying* entwerfen Sie mit der Klasse eine echte Mindmap zum nämlichen Thema. Die fünf, sechs neuen Begriffe des Textes werden an Altbekanntes angedockt.

Auf echte Mindmaps mit dichter Verweisstruktur setzen

- Beim Semantisieren von *lukewarm* zeichnen Sie einen Temperaturstrahl an, in dem *lukewarm* passend eingeordnet wird: *ice-cold* < *cold* < *lukewarm* < *warm* < *hot* < *boiling*
- Beim Einführen von *indicative of* schreiben Sie nicht nur den Grundbegriff an die Tafel, sondern ergänzen kurzerhand:

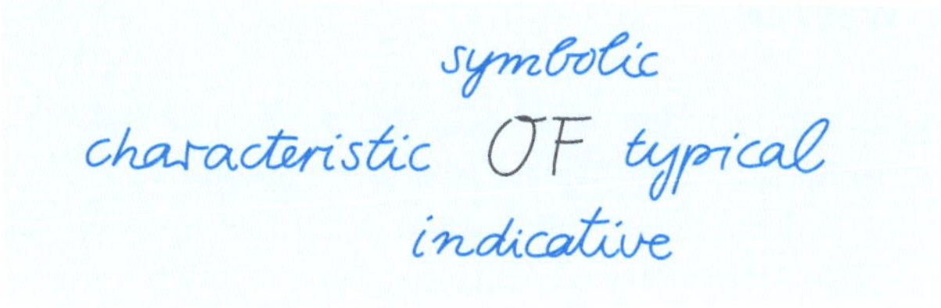

- Als es um die neue Wendung *to take a holiday* geht, spendieren Sie noch drei weitere Fügungen mit *take* hinzu und halten an der Tafel fest:

Um die Ecke gedacht

„Für solche Mätzchen ist doch bei drei Wochenstunden in meiner Achten kein Platz!" So oder so ähnlich klingt die Antwort mancher Lehrer auf den Vorschlag, spielerische Formen der Wortschatzarbeit einzusetzen. Nur: Je abwechslungsreicher sich Schüler ausdrücken, desto weniger lexikalische Verbesserungsvorschläge müssen Sie unterbreiten – und desto weniger Zeit beansprucht die Durchsicht der Klassenarbeit. Die vermeintlich verlorene Unterrichtszeit zahlt sich demnach an anderer Stelle wieder aus!

8 Vokabeltests entwerfen

Anspruch und Wirklichkeit

Irgendwann kommen Sie nicht umhin, den Lernerfolg der Wortschatzarbeit zu überprüfen. Zeit also für einen Vokabeltest! Allerdings ist nirgendwo sonst das Spannungsfeld zwischen Anspruch und Alltag so deutlich spürbar wie beim Vokabeltest. So weiß jeder Lehrer, dass Einzelwortabfragen über geringen lernpsychologischen Anspruch verfügen. Aber sie sind nun einmal so wunderbar flott zu bewerten und daher entsprechend alltagstauglich.

Was nicht allen Lehrern bekannt ist: Man kann mit Formaten arbeiten, die dem Netzwerkcharakter des mentalen Lexikons ebenso gerecht werden wie den Korrekturbedürfnissen eines Lehrers mit voller Stundenverpflichtung. In dem auf der rechten Seite gezeigten Beispiel aus Klasse zehn wird ein solcher Vokabeltest vorgestellt – die rechte Spalte wird von den Lernenden ausgefüllt.

Der Vernetztheit des mentalen Lexikons wird in diesem Vokabeltest Rechnung getragen, weil nach morphologischen Verknüpfungsebenen (Nr. 10, 19, 20) ebenso gefragt wird wie nach semantischen (Nr. 9–16). Vielfach werden präpositionale Ausdrücke gefordert (Nr. 1, 5–7, 18) und der Hang zum Abfragen von mehrgliedrigen Ausdrücken ist unverkennbar. Zwar werden die Wörter nicht im Kontext überprüft – das ist zweifelsohne eine Schwachstelle –, dafür ist der Test schnell zu korrigieren und kommt somit den Bedürfnissen des ohnehin durch Korrekturen belasteten Sprachlehrers entgegen.

Fill in the chart, using the new words from the third unit.
The numbers tell you what you have to do.
① a German translation ② an English translation ③ the English opposite
④ an English synonym ⑤ the missing English word(s) ⑥ the English adjective

1. *to take liberties with*	①
2. *effort*	①
3. *to take place*	①
4. seinem Namen alle Ehre machen	②
5. den Anforderungen von jdm./etw. nachkommen	②
6. basieren auf; beruhen auf; sich stützen auf	②
7. handeln; eingreifen	②
8. *often*	③
9. *popular*	③
10. *to catch (or kill) animals illegally*	④
11. *to fight*	④
12. *to help; to support*	④
13. *a brother or a sister*	④
14. *to feel*	④
15. *a very young child*	④
16. *If we take a s _ _ _ _ _ _ _ through the park, we can get to the main road quicker.*	⑤
17. *Don't c _ _ _ _ _ _ American football w _ _ _ rugby. They are two different games!*	⑤
18. *passion*	⑥
19. *prosperity*	⑥

9 Tests ankündigen und schreiben

„Das hättest du sehen sollen, wie die in der 6b geguckt haben, als ich den Vokabeltest aus der Tasche genommen habe! Eiskalt erwischt, sag ich da nur. Tja, ob der Schnitt diesmal besser wird als beim letzten Mal? Aber wie heißt es so schön: Wer nicht hören will, muss eben fühlen!"

Vielleicht haben Sie etwas Ähnliches schon einmal im Lehrerzimmer gehört. In gewisser Hinsicht hat der zitierte Kollege natürlich Recht: Wenn neue Vokabeln zu Hause zu lernen waren, dann muss es auch möglich sein, diese zu überprüfen. Aus irgendeinem Grund läuft das Spiel mit der Vokabelhausaufgabe aber anders. Offensichtlich verfügen Schüler über ein Erfahrungswissen, das ihnen sagt: Wenn eine Hausaufgabe ein nicht sichtbares Lernprodukt nach sich zieht (Vokabeln lernen, einen Text lesen, mündlich Argumente sammeln), ist ein unmittelbarer Prüfblick für den Lehrer erschwert. Deshalb, so die Schlussfolgerung vieler Schüler, müssen sie bei unsichtbaren Lernprodukten weniger Sorgfalt walten lassen als bei sichtbaren.

› Tipp 8
› Tipp 78, 79

Wie lässt sich diese Denke aushebeln? Eine sehr einfache Möglichkeit besteht darin, Vokabeltests (Tipp 8) anzukündigen und dann auch tatsächlich zu schreiben (Tipp 78, 79). Denn mit dem angekündigten Vokabeltest wird das unsichtbare Lernprodukt des Vokabelwissens in ein sichtbares umwandelt und vom Lehrer deshalb in Augenschein genommen.

Achtung!

Wichtig ist dabei die Verlässlichkeit: Der angekündigte Test muss geschrieben werden, da sich ansonsten die oben beschriebene Denke wieder durchsetzen wird.

Um die Ecke gedacht

Sie brechen sich keinen Zacken aus der Krone, wenn Sie Ihre Schüler fragen, wann Sie den nächsten Vokabeltest schreiben können. Beteiligen Sie die Lerngruppe an der Terminfindung und es wird Ihnen nie wieder jemand eine vermeintlich kurze Vorbereitungszeit vorwerfen.

Vokabeln mit den Schülern lernen

10

Wir Lehrer lassen unsere Schüler häufiger allein als gemeinhin angenommen. Und damit sind nicht die drei Minuten gemeint, in denen wir das Klassenzimmer verlassen, um schnell ein Arbeitsblatt zu vervielfältigen. Nein, es geht vielmehr um die Hausaufgaben. Vielfach werden sehr anspruchsvolle Vorgänge in die Hausaufgaben ausgelagert, ohne dass sie ausreichend erläutert und geübt worden sind. Vokabellernen ist ein solcher Vorgang. Er gehört sicherlich zu den kognitiv anspruchsvollsten Aufgaben des Englischunterrichts, aber das Wie des Wörterlernens steht, gerade in den höheren Klassen, sehr selten auf dem Plan.

Schüler beim Vokabellernen nicht allein lassen

Gehen Sie deshalb mit gutem Beispiel voran und zeigen Sie Ihren Schülern, wie Sie als fremdsprachendidaktische Fachkraft Vokabeln verarbeiten. Sie brauchen hierfür, außer bei Nullanfängern, keine ausgeklügelte Lernspirale. Setzen Sie vielmehr auf Lernen am Modell und bieten Sie beispielhafte Verfahren an, mit denen nachhaltiges Verfügbarmachen möglich ist. Dabei ist es bekanntlich günstiger, in regelmäßigen Abständen kurz und knackig Verankerungstechniken zu wiederholen, als einmalig eine Woche lang diese Verfahren einzuüben.

Sie können solche wiederkehrenden Übungssequenzen mit folgenden Verfahren füllen:

- Visualisierungen (Tipp 6), gerne auch skurrile

› Tipp 6

- Führen Sie ein halblautes Selbstgespräch, in dem Sie mit der neuen Lexik eine Handlungsabfolge oder einen Zustand beschreiben: *I lie* ***on the beach****. I* ***relax*** *and* ***enjoy*** *a cold drink. I use* ***suntan lotion****. I want to be* ***suntanned****, not* ***sunburned****.*
- Gedächtniskünstler wissen: Gefühle sind Merkturbos. Wenn also Gefühle beim Wörterlernen ins Spiel kommen, erhöht sich deren Merk-Würdigkeit. Zeigen Sie daher bei dem eben genannten Selbstgespräch, dass Sie sich in der Sonne wohlfühlen.
- Binden Sie Ihren Körper ein und aktivieren Sie so das motorische Gedächtnis. Dies eignet sich natürlich bei Verben, in denen eine Körperbewegung steckt: *to leap, to skip, to stroll, to squat, to spin around, to frown, to squint, to clap, to stagger.*
- Machen Sie behutsam Anleihen bei der Suggestopädie. Bitten Sie Ihre Schüler, die Augen zu schließen mit der Aufforderung, das, was Sie sagen, vor dem inneren Auge zu sehen. Erzählen Sie dann eine bildreiche, farbenfrohe und mit Gefühlen angereicherte Geschichte, in der die neue Lexik vorkommt. Wörter mit schwieriger Schreibung tauchen in Ihrer Geschichte zum Beispiel als Wandgraffiti auf.
- Spielen Sie Wortschatzspiele – und zwar immer mal zwischendurch und nicht nur vor den Ferien.

Ihre Schüler werden es Ihnen danken, wenn Sie in diesen Stundenabschnitten gemeinsam Wörter lernen.

Vokabeln als Hausaufgaben geben

11

Inkubationszeit beachten

Gut Ding will Weile haben – das gilt auch für das Lernen neuer Grammatik und Lexik. Die sogenannte Inkubationszeit, also die Zeit, die nötig ist, um neuen Input in verfügbaren Output zu verwandeln, darf nicht unterschätzt und muss den Schülern zugestanden werden.

Vor diesem Hintergrund ist es eine der ungeeignetsten Hausaufgaben, wenn die Vokabeln einer Lektion von einem Tag auf den nächsten oder etwa über das Wochenende aufgegeben werden. Die Inkubationszeit ist schlichtweg zu kurz und die Lexik lässt sich allenfalls oberflächlich lernen. Selbstverständlich wissen dies die meisten Lehrer. Deshalb zerlegen sie das Vokabular des Lehrwerkskapitels in leicht verdauliche Häppchen und stellen diese dann jeweils als Hausaufgabe. Dies ist ein gut geeignetes Verfahren, an dem hier nicht gerüttelt werden soll. Allerdings bringt dies für den Lehrer den Nachteil mit sich, dass er jede Stunde daran denken muss, die richtige Portion Vokabeln aufzugeben, ganz abgesehen von anderen Hausaufgaben, die er häufig ebenfalls bereithalten muss. Wenn man bedenkt, dass Hausaufgaben mehrheitlich am Ende der Stunde erteilt werden, wird schnell klar, wie anspruchsvoll das Verfahren für den Lehrer ist – vor allem, wenn ausnahmsweise das Ganze nicht vorbereitet ist und spontan erledigt werden muss. Deshalb soll hier eine weitere mögliche Vorgehensweise vorgestellt werden. Diese eignet sich etwa ab der siebten Klasse – bei Lerngruppen, die Wochenplanarbeit gewohnt sind, auch früher.

Vokabelhausaufgaben portionieren

Geben Sie zu Beginn der *unit* eine Monatsübersicht aus, die etwa so gestaltet ist wie auf der hier folgenden Seite abgebildet. Sie tragen die Ihnen bekannten Schultermine ein (und betreiben auch dabei heimlich Wortschatzarbeit; Tipp 2–4) und halten in der rechten Spalte fest, welche Lexik bis wann beherrscht werden soll. Dabei gehen Sie in der Summe ähnlich vor wie beim einleitend dargestellten Portionierungsverfahren.

› Tipp 2–4

Der Vorteil für Sie liegt klar auf der Hand: Ist der Monatsplan ausgegeben, haben Sie das Vokabelaufteilen aus dem Kopf und es herrscht Verfahrensklarheit für alle. Ferner sehen auch Sie ganz genau, wo sich mit welchen Vokabeln gemeinsames Lernen anbietet (Tipp 10).

› Tipp 10

Übrigens: Es gibt Lehrer, die alle Vokabeln eines Schuljahres beziehungsweise -halbjahres abprüfen. Wie groß ist da wohl die Inkubationszeit?

	My events	*School events*	*My English to-do list*
01			
02			
03			
04			
05			
06			*p. 142, drawer*
07			
08			
09			
10			
11			
12			
13			*p. 143, file*
14			
15			
16			
17		*class outing*	
18			
19			
20			*p. 144, go with*

12

Lehrer: *"Some" and "any" mean "a certain quantity" and are used before plural or uncountable nouns. They can be pronouns or adjectives. "Some" is used in affirmative sentences. Ok?*
Schüler: *What is a noun?*
Der Witz deutet es schon an: Grammatikunterricht ist für den Lehrer eine sehr anspruchsvolle Aufgabe. Ähnlich wie beim Semantisieren hält auch die Grammatik so viele Stolperfallen bereit, dass selbst erfahrene Lehrer gelegentlich ins Straucheln geraten. In diesem und den folgenden Tipps (Tipp 13–22) wird erklärt, wie Sie zumindest die tiefsten Fallgruben des Grammatikunterrichts umgehen.

› Tipp 13–22

Reduzieren steht auf dem Plan, und so mancher Lehrer wird sich beim Lesen denken: „Ist doch klar. Haben wir schon immer gemacht!" Doch das fremdsprachendidaktische Reduzieren umfasst sehr viele verschiedene Bereiche.
Reduzieren – das macht der Witz zu Beginn dieses Tipps deutlich – bedeutet, dass der Lehrer nicht versuchen sollte, alle Besonderheiten einer grammatischen Erscheinung auf einmal zu erläutern; vielmehr muss er sich zunächst auf das Wesentliche beschränken. Um bei dem Witz zu bleiben: Dass *some* und *any* als Pronomen beziehungsweise Adjektive auftauchen können, ist für das Regelverständnis mindestens zweitrangig. Möglicherweise kann der Hinweis auf die besondere Verwendung von *some* zu einem späteren Zeitpunkt erfolgen. Statt des Besonderen sollte das Grundlegende erläutert werden: dass nämlich in Fragen und in verneinten Sätzen mit *any* gearbeitet wird.

Sich auf das Wesentliche beschränken

Reduzieren kann sich überdies auf den Anteil grammatischer Fachsprache beziehen. Keine Frage: Ein gewisses Mindestmaß an Fachausdrücken wird hier nicht in Abrede gestellt. Doch bedenke man, dass zum Teil sehr junge Schüler vor uns sitzen, denen selbst in der Muttersprache nicht alle grammatischen Fachbegriffe unmittelbar verfügbar sind. Weshalb gebraucht der Lehrer dann aber *plural or uncountable nouns*, warum einen sperrigen Begriff wie *affirmative sentence*?

Reduzieren bedeutet schließlich auch, die Lehrersprache möglichst einfach zu gestalten. Schlichte Hauptsätze eignen sich für Grammatikerklärungen am besten (Tipp 16). Der doppelte Gebrauch des Passivs wie in dem eingangs zitierten Witz kann dadurch umgangen werden.

› Tipp 16

Einsprachigkeit

Zuweilen bezieht sich das Reduzieren auch auf die Einsprachigkeit. Glauben Sie, ein deutscher Schüler hat durch die Erklärung *a certain quantity* tatsächlich die Bedeutung von *some* und *any* erfasst? Man darf das bezweifeln. Eine Übersetzung der beiden Pronomina hätte gewiss für mehr Klarheit gesorgt.

Die etwas misslungene Erklärung aus dem Witz ließe sich so verbessern:

We use

- *"some" and "any"* (ein paar, ein bisschen) *before nouns without plural like "milk" or "hunger";*
- *"any" in questions and negative sentences;*
- *"some" in positive sentences.*

13 Grammatik einfach visualisieren

Das Auge isst bekanntlich mit – und es lernt auch mit; ob Lexik oder Grammatik, ist ihm einerlei. Mit dem Auge nehmen wir immerhin pro Sekunde 10 000 000 Bits auf – beim Ohr hingegen sind es 1 500 000 Bits. Visuell Wahrgenommenes behalten wir zu dreißig, auditiv Wahrgenommenes zu zwanzig Prozent (Kleinschroth 2003, S. 61). Kurzum: Als Lehrer ist man gut beraten, das Auge in den Lernprozess einzubinden.

Natürlich tun wir dies allenthalben. Immerhin sind wir selbst sichtbar, und eine Folienprojektion ist ebenso mit dem Auge wahrnehmbar wie ein Tafelanschrieb. Mit Visualisieren ist jedoch noch etwas anderes gemeint: das Übersetzen vielschichtiger Wissensbestände in eingängige Bilder.

Visualisieren erleichtert das Behalten

Vielleicht liegt hierin auch der lernpsychologische Mehrwert begründet, der letztlich zum Behalten führt: Wir müssen diese Bilder zurückübersetzen, um sie zu verstehen, also eine Denkhandlung tätigen, und diese kognitive Betriebsamkeit hinterlässt eben ihre Spuren.

Doch genug der Theorie! Grammatik, dieses vermeintlich trockene und von Schülern ungern durchschrittene Wissensgebiet, eignet sich bestens zum Visualisieren. Diese Einsicht ist übrigens keineswegs neu; vermutlich haben wir alle das *present perfect* und das *past perfect* mit einem Zeitstrahl gelernt:

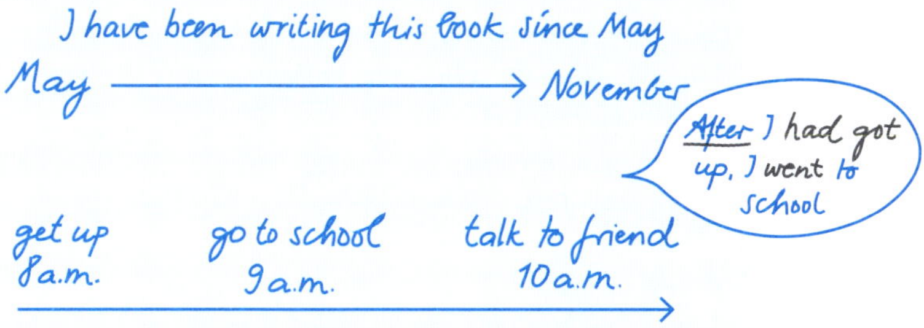

Aber es ist wesentlich mehr möglich. Selbst einfache grammatische Bestände lassen sich visualisieren:

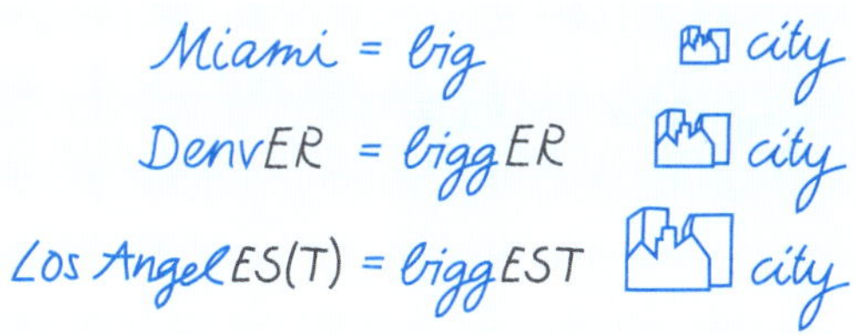

Für den resultativen Gebrauch des *present perfect* fällt Ihnen sicherlich ein ähnliches Tafelbild wie dieses ein:

Dass Sie kein begnadeter Zeichner sein müssen, zeigt die Gegenüberstellung von *-self/-selves* und *each other*:

Möglicherweise haben Sie bei der Behandlung englischer Modalverben auch schon auf Verkehrs- und Hinweisschilder zurückgegriffen:

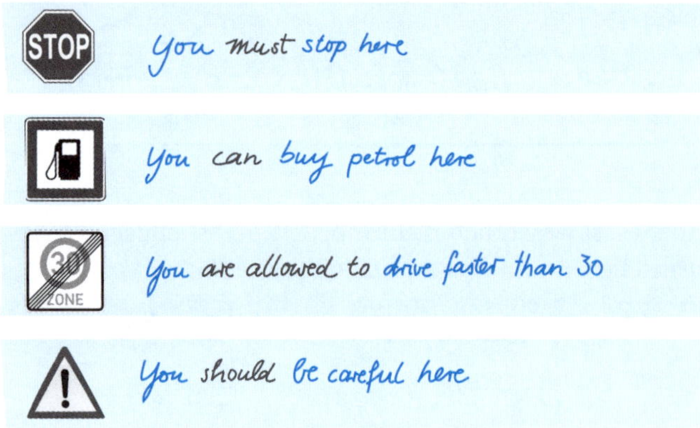

Mit einfachen Mitteln können Sie Besitzverhältnisse bildlich darstellen:

SOS-Tipp

Kennen Sie das auch? Sie haben schon mehrere Dutzend Mal *conditionals* im Unterricht behandelt. Morgen dürfen Sie das Ganze schon wieder durchziehen und Ihre Begeisterung hält sich entsprechend in Grenzen. Denken Sie sich in einem solchen Fall eine pfiffige Visualisierung aus – und das vermeintlich ausgelutschte Thema bekommt für Sie einen neuen Reiz.

Grammatik visualisieren lassen

14

Am wirkungsmächtigsten wirkt eine Visualisierung auf die Person, die sie erdacht hat. Lassen Sie deshalb auch Ihre Schüler Grammatik eigenständig visualisieren – doch sollten Sie behutsam vorgehen und gerade von jüngeren Lernern keine Bilderflut erwarten. Übung macht bekanntlich den Meister, und dies gilt natürlich auch in diesem Zusammenhang.

Erprobtermaßen sind Schüler in der Lage, folgende Visualisierungen zu gestalten, sofern ihnen der Lehrer zuvor entsprechende Beispiele gezeigt hat:

- Comicstrips (beispielsweise zur Verdeutlichung des *conditional type 3*)
- Spickzettel, bei denen lediglich fünf bis acht Wörter erlaubt sind; alles andere muss bildlich vermittelt werden (Tipp 52)
- Vorher-nachher-Bilder, die beispielsweise den resultativen Gebrauch des *present perfect* zeigen (Tipp 13)
- Momentaufnahmen mit unterbrochenen Handlungen (*I was **sleeping**, when the phone **rang***)

› Tipp 52
› Tipp 13

Achtung!

Gerade jüngere Schüler vergessen sich gelegentlich beim Zeichnen. Dabei kann die Grammatik sehr schnell in den Hintergrund treten. Achten Sie daher beim Schlendern durch die Reihen darauf, dass in allen Schülerprodukten Text beziehungsweise Schrift vorkommt. Ermuntern Sie auch Ihre Schüler dazu, beim Zeichnen die Struktur halblaut vor sich hin zu murmeln (Tipp 92).

› Tipp 92

15 Die richtigen Beispiele geben

Beispiele sind das Salz in einer bekömmlichen Grammatik-Suppe. Sie können die grammatische Regel noch so eingängig und einprägsam formulieren: Ohne Beispiele fehlt die nötige Griffigkeit.

Dennoch haftet allen Beispielsätzen gleichsam ein Geburtsfehler an: Unser Gehirn ist nicht darauf programmiert, diese zu behalten. Beispielsätze sind nämlich systembedingt belanglos, schließlich müssen sie ja den Blick hin zur grammatischen Form und weg vom Inhalt lenken. Dass sie üblicherweise ohne Kontext daherkommen, trägt auch nicht gerade zu Ihrer Einprägsamkeit bei – und wenn sie dann noch lexikalische Stolpersteine enthalten, ist die Hirnfreundlichkeit endgültig dahin.

Trotz dieses Geburtsfehlers sind Beispielsätze wichtig. Schließlich muss gezeigt werden, wie eine grammatische Besonderheit sprachlich umgesetzt wird, und der Lerner benötigt Muster, um sie selbst anzuwenden.

Gütekriterien für Beispielsätze

Welche Gütekriterien gelten nun für Beispielsätze? Um die Schwierigkeit der Kontextlosigkeit in den Griff zu bekommen, gibt es zwei Möglichkeiten. Sie können erstens induktiv mit einem Text arbeiten, der entsprechend aufbereitet ist und das neue Phänomen häufig zeigt: Gehen Sie nach dem gängigen *PWP approach* vor (Tipp 27–31) und behandeln Sie erst nach der Textarbeit das grammatische Phänomen. Der Vorteil: Die Lernenden haben sich mit dem Neuen bereits auseinandergesetzt und haben es vielleicht sogar schon ansatzweise verinnerlicht. Die Beispielsätze, die Sie später zur Verdeutlichung nutzen werden, entstammen natürlich

› Tipp 27–31
Pre-, while-, post-reading activities

dem behandelten Text. Dass sie dann nicht kontextfrei sind, liegt auf der Hand.

Die zweite, jedoch schwierigere Möglichkeit mit diesem Geburtsfehler umzugehen, besteht darin, innerhalb der Beispielsätze einen narrativen Rahmen und damit einen Kontext zu erschaffen. Oftmals lohnt es sich dabei, Weltwissen mit einfließen zu lassen. Hier drei Beispielsätze zum *conditional type III*

Einen narrativen Rahmen schaffen

- *If Brad Pitt* ***had not acted*** *in Mr and Mrs Smith, he* ***would not have met*** *Angelina Jolie.*
- *If he* ***had not met*** *Jolie, he* ***would not have fallen*** *in love with her.*
- *If he* ***had not fallen*** *in love with Jolie, he* ***would have stayed*** *with his wife.*

Selbstverständlich beherrscht kein Schüler den dritten Konditionalsatz nur aufgrund dieser Beispiele. Doch machen sie das Redebedürfnis des dritten Konditionalsatzes – was wäre (nicht) gewesen, wenn? – aufgrund des narrativen Rahmens sinnfälliger.

Ein zweites Gütekriterium muss demnach dies sein: Eine grammatische Regel darf nicht mit nur einem Mustersatz verdeutlicht werden; es sind immer mehrere nötig – und sei es, um das Phänomen in einem bejahten und einem verneinten Aussagesatz zu zeigen.

Mehrere Mustersätze anbieten

Zu guter Letzt eine Anekdote: Es gab einmal eine Grammatik, die jede Besonderheit des Englischen mit sehr obszönen Beispielen belegte. In bester britischer Manier ging es in den Beispielspalten so sehr zur Sache, dass selbst robustere Naturen äußerst irritiert waren – und diese Irritation ging mit einer großen Einprägsamkeit der Beispielsätze einher. Dies soll natürlich nicht dazu anregen, unanständige Beispielsätze zu ersinnen – eine ähnliche Wirkung kann aber mit Lustigem, Absurdem oder Gruseligem erzielt werden.

16

Eine gut formulierte Grammatikregel ist eher selten. Deswegen: Wenn Ihnen eine solche über den Weg läuft, lassen Sie sie nicht mehr ziehen!

Prüfen Sie zunächst immer die in Ihrem Lehrwerk gegebenen Merksätze. Sind sie kurz, knackig und eingängig, dann übernehmen Sie diese vorbehaltlos und erfreuen sich an der eingesparten Arbeitszeit.

Gütekriterien für Merksätze

Wenn hingegen weder das Lehrwerk noch die Grammatik passende Regeln liefern, müssen Sie selbst tätig werden. Sie ahnen es vermutlich schon: Es gibt wie üblich kein Patentrezept für gute Merksätze. Folgende Hinweise sind jedoch hilfreich:

› Tipp 12

- auf Bündigkeit und Kürze setzen (Tipp 12)
- erst die Bildung, dann die Verwendung erklären
- Wenn-dann-Sätze verwenden
- Reime oder Alliterationen einsetzen (*If "when?" is what you want to ask, the past tense for you does the task!*)
- Visualisierungen nutzen (*if-clause: ~~would~~*) (Tipp 13, 14)
- grammatische Metasprache so gering wie möglich halten
- einfaches Englisch benutzen
- die Muttersprache lernfreundlich einsetzen (*If I were/wäre you*)
- Ausnahmen später ergänzen

› Tipp 13, 14

Gleich mal ausprobieren

Vielleicht haben Sie Latein gelernt und hatten das Glück, von einem Lehrer unterrichtet zu werden, der auf die guten alten Merkverse – derer es in der lateinischen Grammatik aus guten Gründen Unmengen gibt – setzte. Dann brauchen Sie an dieser Stelle nicht weiterzulesen. Falls Sie jene wunderbaren Eselsbrücken nicht kennen, sollten Sie den entsprechenden Abschnitt bei Wikipedia einmal nachlesen. Für viele dieser Sätze gilt: Besser geht's nicht!

17

Die Zahl vier geistert durch die pädagogische Fachliteratur. Denn vier Mal muss ein Schüler im Schnitt einem neuen Lerngegenstand ausgesetzt sein, um ihn anwenden zu können (Hattie 2009, S. 186). In die Wirklichkeit des englischen Klassenzimmers übersetzt bedeutet dies, dass ein Schüler eine neue grammatische Form wenigstens vier Mal geübt haben muss. Das klingt zunächst nach herzlich wenig. Leider genügt es etwa nach der Einführung des Passivs nicht, eine Aufgabe im *workbook* bearbeiten zu lassen – selbst wenn diese mehr als die vier geforderten Übungsmöglichkeiten bietet. Das Zauberwort, das sich zur Zahl vier gesellen muss, ist *spaced practice*, also umsichtig getaktetes Üben (Tipp 93).

› Tipp 93

Intelligentes Üben – immerhin noch Platz acht in Meyers berühmtem Dekalog (Meyer 2004, S. 104–112) – zeigt sich auch daran, dass sinnvolle zeitliche Abstände eingehalten werden. Lernfreundliches Üben findet beispielsweise noch kurz in der Stunde statt, in der eine neue Struktur eingeführt wird. Kurz geübt wird dann in der Folgestunde, nach zwei Tagen und nach einer Woche. Haben Sie es gemerkt? Das Wort „kurz“ kam in den beiden letzten Sätzen mehrfach vor. Die Empiriker haben nämlich herausgefunden, dass eine isolierte Übungsdoppelstunde wenig zielführend ist.

Nun genießt das Üben jedoch gerade auch aus Schülersicht einen zweifelhaften Ruf: „Langweilig“ ist sicherlich noch das freundlichste Adjektiv in der langen Liste. Mit einigen Kniffen können Sie das Grammatiküben abwechslungsreich gestalten:

Für Abwechslung sorgen

- Wechseln Sie oft die Sozialformen – Gruppenarbeiten werden Sie aber häufig erst am Ende einer Übungsreihe durchführen können.
- Wechseln Sie die Geschwindigkeit und brechen Sie aus der 30er-Zone aus, in der so viele Übungseinheiten stattfinden. Probieren Sie eine Übung aus, in der es um Schnelligkeit geht. Die Folgeübung gehen Sie dafür langsamer an.

- Wechseln Sie den Lehrer aus, indem Sie einen Schüler die Rolle des Prüfers übernehmen lassen, oder setzen Sie bei Partnerarbeiten auf *peer feedback* (Tipp 19).

› Tipp 19

- Wechseln Sie das Übungsmaterial, indem Sie die Schüler Übungen basteln lassen.
- Wechseln Sie den Raum und lassen Sie die Schüler bei gutem Wetter auf dem Hof üben.
- Wechseln Sie die Bewegungsabläufe und lassen Sie die Schüler im Gehen üben.
- Wechseln Sie die Kompetenzbereiche und lassen Sie sinnvoll schriftlich und mündlich üben. Vergessen Sie *mediation* als anspruchsvolles grammatisches Übungsfeld nicht.
- Wechseln Sie häufig Ihren Standort und geben Sie vielen Schülern eine Rückmeldung.
- Wechseln Sie die Anforderungsbereiche und lassen Sie Ihre Schüler den Weg vom Leichten und Geschlossenen hin zum Schwierigen und Offenen gehen. Überlegen Sie genau, ob wirklich *alle* Schüler diesen *einen* Weg gehen müssen (Tipp 68–70)!

› Tipp 68–70

Achtung!

Moderne Lehrwerke bieten eine Fülle abwechslungsreicher Übungen, deren Anzahl durch die vielen Begleitmedien – Klassenarbeitstrainer, DVD, grammatisches Beiheft – oftmals noch vervielfacht werden. Lesen Sie daher sehr genau die Hinweise der Handreichungen: In den wenigsten Fällen werden die Übungsteile eines Lehrwerks so gestaltet, dass wir Lehrer diese abarbeiten sollen. Sie müssen also gar nicht jeden Schüler jede Übung machen lassen.

GRAMMATIK ÜBERPRÜFEN 18

Gütekriterien einer Klassenarbeit

Vielfältiges Üben soll zum Lernerfolg führen, und dieser soll selbstverständlich auch überprüft werden, etwa im Rahmen einer Klassenarbeit. Welche Gütemerkmale gelten hierbei?

- Eine Stufung vom Leichten zum Schweren ist erkennbar. Jeder Motor muss erst einmal warm werden, und jedem Schüler tun Erfolgserlebnisse zu Beginn einer Klassenarbeit gut. Deshalb bieten sich geschlossene Grammatikübungen wie einfache Lückentexte am Anfang einer Überprüfung an.
- Es gibt mehrere Schwerpunkte. Eine Klassenarbeit, die aus vier DIN-A4-Seiten besteht, kann schlechterdings nur eine grammatische Erscheinung abprüfen – selbst wenn die letzte Seite für eine Schreibaufgabe vorgesehen ist. Denn ein Schüler, der diese eine grammatische Besonderheit nicht gut beherrscht, wird ungebührlich abgestraft.
- Die Übungen haben einen Kontext. Es werden nicht unzusammenhängende Sätze gereiht. Vielmehr verfügen die einzelnen Aufgaben über eine Ebene, die im besten Fall zum Inhalt der zuletzt besprochenen *unit* passt. Zuweilen gelingt es dem Lehrer, sämtliche Teile einer Klassenarbeit mit einem roten Faden inhaltlich zu verknüpfen.
- Auch der Grammatikteil ist schülerorientiert. Die Übungen sind inhaltlich durchweg an der Lebenswelt der Lernenden ausgerichtet.
- Es herrscht methodische Vielfalt. Neben Einsetzübungen (*give the right verb form*) finden sich Umformungen (*turn the passive sentence into the active voice*), Umstellungen (*make a correct sentence from these words*), Ergänzungen (*finish the if-clauses*), Zuordnungen (*connect a sentence from column A with a proper sentence from column B*) sowie Übersetzungen beziehungsweise Mediationsaufgaben.
- Die Arbeitsanweisungen sind kurz und knapp und dabei dennoch gut verständlich.
- Die Formatierung ist anwenderorientiert. Lücken und Freiflächen sind ausreichend groß für die Einträge der Schüler.

SOS-Tipp

Ein weiteres Gütemerkmal ist die zügige Korrigierbarkeit. Um das eigene Korrekturpensum in Schach zu halten, empfiehlt es sich, genau zu überlegen, wie viel die Schüler im Grammatikteil einer Klassenarbeit schreiben sollen. Gelegentlich können Sie deshalb auch Übungen mit händischer Lösung anbieten. *(Underline the correct verb form: Yesterday I talk/talked/have talked to James* oder *Which of the following three definitions describes the function of the present perfect best? Tick the right answer!)*

19 Grammatik unterrichten lassen

Dass man am besten etwas lernt, wenn man es selbst lehrt, ist eine Weisheit, die jeder Unterrichtende bestätigen wird. In der Vergangenheit wurden bereits Verfahrensweisen entwickelt, in denen die Lernenden zeitweilig zu Lehrenden wurden. Das vermutlich bekannteste dieser Konzepte ist Jean-Pol Martins „Lernen durch Lehren", kurz LdL.

Nur kleinere Sequenzen unterrichten lassen

LdL eignet sich sicherlich für alle Bereiche des Grammatikunterrichts. Wenn Ihre Schüler jedoch unerfahren sind mit einer solchen Herangehensweise, dann empfiehlt es sich, zunächst kleine Brötchen zu backen. Nutzen Sie LdL dann zunächst nur

- zur Einübung einer kürzlich eingeführten grammatischen Besonderheit und
- zur Wiederholung einer vor längerer Zeit behandelten grammatischen Erscheinung.

Vorab braucht Ihre Lerngruppe ausführliche Erläuterungen zu diesem methodischen Neuland. Weisen Sie insbesondere auf den Unterschied zwischen LdL und einer Schülerpräsentation hin: Zwar steht bei beiden Verfahren ein Schüler vor seinen Klassenkameraden, um ihnen etwas näherzubringen; doch setzt LdL auf eine Dialogizität und Interaktivität, wie Sie in Schülerpräsentationen gar nicht erreicht werden kann.

Nach einer ausführlichen Erläuterung sind folgende Situationen denkbar:

- Sandra bereiten *participle constructions* Schwierigkeiten. Sie bieten ihr daher an, eine Wiederholungsstunde hierzu zu halten. Sandra soll kurz das Wichtigste darlegen und dann selbst erstellte (oder ausgewählte) Übungen mit der Klasse durchführen.
- Das *present perfect* und seine Signalwörter wurden unlängst eingeführt. Zur Wiederholung geben Sie nach einer entsprechenden Lernzeit (Tipp 17) eine passende Hausaufgabe im *workbook*. Johann bittet Sie, am nächsten Tag die Besprechung der Hausaufgaben übernehmen zu dürfen: Er ist sich sicher, dass er das *present perfect* mittlerweile besser versteht.
- Drei Stunden vor der Klassenarbeit lassen Sie in Ihrer Siebten nach entsprechender Einweisung eine zehnminütige Überprüfung vorbereiten: Jeder Schüler entwickelt einen Grammatiktest. In der zweitletzten Stunde vor der Arbeit werden per Zufall Lerntandems gebildet und die Schüler überprüfen sich wechselseitig anhand ihrer Tests. Beim Gebrauch der Muttersprache drücken Sie ein Auge zu.

› Tipp 17

Achtung!

Gerade jungen und zurückhaltenden Schülern fällt LdL schwer – vielleicht aus Angst vor dem Schweigen der Klasse, vielleicht aufgrund der redlichen Überzeugung, dass man seinen Freunden nicht mit Befehlen und Anweisungen begegnen sollte. Psychologische Behutsamkeit ist also angezeigt!

Grammatik zur Lexik machen

20

Bei manchen Feinheiten der englischen Sprache greifen Sie auf einen genialen Trick zurück: Sie behandeln die vermeintlich grammatikalische Erscheinung als eine lexikalische. Regelentdecken, Erläuterungen, Tafelbilder und Merksätze werden dadurch entbehrlich. Doch wie genau soll das vor sich gehen?

Führen wir ein Gedankenexperiment durch: Angenommen, zwei Lehrer stoßen unabhängig voneinander zu Stundenbeginn auf einen Satz wie *Wouldn't it be better if we acted like that?*

Lehrer A erkennt sofort, dass es sich bei dem Satz um einen *conditional type II* handelt. Er nutzt die Gunst der Stunde, um diesen willkommenen Sachverhalt gründlich zu wiederholen – immerhin liegt die Einführung der Bedingungssätze eine Weile zurück, sogar ein Ferienabschnitt hatte sich dazwischengeschoben. Im Unterrichtsgespräch entlockt Lehrer A den Schülern die wesentlichen Merkmale des zweiten *if*-Satzes. Bei der Gelegenheit wiederholt er die Grundzüge des ersten und des dritten Konditionalsatzes. Überrascht nimmt er zur Kenntnis, dass danach die Stunde schon zu Ende ist.

Lehrer B erkennt ebenfalls den *conditional type II*. Auf Nachfrage notiert er auf dem Tafelflügel aber lediglich *would(n't) it be better if* + **past tense** = *wäre es (nicht) besser, wenn …* Bis zum Pausengong bleibt noch eine ganze Menge Zeit für Textarbeit.

Nicht alles muss unterrichtet werden

Sie haben an dem zugespitzten Beispiel gesehen, dass Lehrer B Zeit spart, den Unterrichtsfluss aufrechterhält und dennoch die betreffende Fügung nicht schlechter erklärt hat als Lehrer A. Und das alles nur, weil er lexikalisch vorgeht.

Leider sind derartige, sogenannte lexikogrammatische Besonderheiten begrenzt (Kleinschroth 2003, S. 150). Gehen Sie daher, wann immer Sie auf eine solche Besonderheit treffen, lexikalisch vor:

- Grammatische Fossile: *to be used to; to look forward to doing sth.; to mind sb. doing sth.*

- Formeln: *I'd rather you did; if I were you; that'll do; you had better*
- Höflichkeitsfloskeln: *wouldn't it be nice if; do you feel like having*
- Partizipialkomposita: *fast-moving, money-making*

Die Muttersprache nutzen

21

Anglisten wissen: Manche englischen Sätze werden von Schülern nie falsch gebildet, weil sie – auch das ist kein Geheimnis – dem deutschen Satzmuster weitgehend oder sogar vollständig entsprechen.

He	*answered:*	*Sylvia,*	*I*	*love*	*you,*	*too!*
Er	antwortete:	Sylvia,	ich	liebe	dich	auch!

Das Tolle bei solchen Sätzen ist natürlich die Tatsache, dass wir Lehrer nichts erläutern müssen. Anders ist es bei abweichenden Mustern im Englischen. Hier sind viel Unterrichtszeit und intelligentes Üben (Tipp 17) nötig, um sogenannte Interferenzen zu verhindern.

› Tipp 17

Die Muttersprache muss, wo immer möglich und sinnvoll, in den Lernprozess eingebunden werden. Das Deutsche ist, bildlich gesprochen, dann nämlich kein Stolperstein, sondern eine Räuberleiter, die den Lernenden beste Dienste erweisen kann. Die entscheidende Frage ist nun, bei welchen englischen Besonderheiten das Deutsche heimlich Pate stehen kann. Hierfür kommen beispielsweise infrage:

- *If-clause type I* (sofern der Dialekt vor Ort das Futur I benutzt):

I	*will*	*go*	*if*	*he*	*comes.*
Ich	werde	gehen,	falls	er	kommt.

- *If-clause type II* (sofern der Dialekt vor Ort Konjunktive kennt):

I	*would*	*go*	*if*	*he*	*came.*
Ich	würde	gehen,	falls	er	käme.

- Verkürzte Bedingungssätze ohne *if*:

Should	*he*	*come,*	*tell*	*him ...*
Sollte	er	kommen,	sag	ihm ...

- *Inversion*:

Rarely	*had*	*they*	*met.*
Selten	hatten	sie sich	getroffen.

- Steigerung einsilbiger Adjektive:

nice	*nic**er***	*nic**est***
nett	nett**er**	am nett**esten**

Auch beim Erlernen der unregelmäßigen Steigerung von *good* hilft das Deutsche:

good	***better***	***best***
gut	**besser**	am **besten**

- Der *progressive aspect* (sofern Ihre Schüler die zunehmend standardisierte Rheinische Verlaufsform – also *am* + Infinitiv – benutzen):

I	*was*	*reading*	*when*	*she*	*came.*
Ich	war	am Lesen	als	sie	kam.

Um die Ecke gedacht

Tatsächlich schwören einige Didaktiker auch auf die Muttersprache bei abweichenden Mustern in der Fremdsprache. Dem Deutschen ungewöhnlich erscheinende Formen sollen wortwörtlich übersetzt werden, denn je seltsamer die deutsche Entsprechung, desto merk-würdiger erscheint sie unserem Gedächtnis. „Ich will dich zu kommen" kann, so die Vertreter dieser Herangehensweise, dabei helfen, das englische *I want you to come* zu behalten.

22 Grammatiktexte schreiben lassen

Sehr elegant ist es, die Schüler Texte verfassen zu lassen, in denen die neue grammatische Struktur vorkommen *muss*. Dies bietet sich an, nachdem ausreichend Verarbeitungszeit bereitgestellt und lernfreundlich geübt worden ist.

Grammatiktexte erzwingen die neuen Formen

Das Besondere an solchen Grammatiktexten ist ihre Natürlichkeit. Allein aufgrund des Inhalts oder der Gattung des Textes müssen die Lernenden bestimmte Strukturen anwenden. Das hat gewisse Ähnlichkeit mit natürlichem Spracherwerb, wo auch der Inhalt einer Aussage das Kind zum Erlernen einer Form nötigt.

Nur: Es gibt nicht zu jeder beliebigen Grammatikeinheit beliebig viele Grammatiktexte. Scheuen Sie sich also nicht, einen Schreibauftrag, den Sie ersonnen haben, mehrfach einzusetzen.

Beispiele für Grammatiktexte sind:

- *What I enjoyed doing when I was a child (→ past progressive; used to; habitual "would")*
- *My favourite recipe (→ imperatives; the passive; quantifiers)*
- *What I would do if I were a girl/boy (→ if-clause type II)*
- *My academy awards speech for my favourite film (→ comparatives; superlatives; adverbs; emphasis)*
- *My life at the age of 30 (→ will-future; going-to-future; future perfect)*

- *My interview with my favourite band (→ questions with question word; yes/no-questions)*
- *The dos and don'ts in our school (→ modal auxiliaries; imperatives; emphasis)*
- *The perfect room for a teenager (→ relative clauses; prepositions; demonstrative pronouns)*
- *White lies that my parents told me when I was young (→ indirect speech)*

23 Texte vorlesen lassen

Es ist einer der klassischsten Unterrichtsschritte überhaupt: das laute Vorlesen eines Textes durch die Schüler. Der didaktische Zweck des Vorlesens ist klar. Neben der Schulung der phonologischen Kompetenz und dem Verarbeiten neuer Lexik und Grammatik geht es immer auch um das Textverständnis. Je häufiger ein Text gehört, gelesen, behandelt wird, desto besser verstehen ihn seine Leser.
Beim lauten Vorlesen werden landläufig zwei Verfahren angewandt: Das Lesen nacheinander (*Damla, please read the first two paragraphs. Dennis, can you go on then?*) oder das Lesen mit verteilten Rollen (*Damla, you read Mrs Smith's lines. Dennis, you are Mr Smith*). Es liegt vermutlich an dieser bescheidenen methodischen Auswahl, dass das Vorlesen bei den wenigsten Schülern Begeisterung hervorruft. Nun wäre ein Lehrer aber angesichts der oben genannten Lernziele schlecht beraten, wenn er die Schüler seltener vorlesen ließe. Besser ist es, auf Abwechslung zu setzen.

Buzz reading

Eine sehr gute Methode ist das *buzz reading* (Butzkamp 2004, S. 257 f.). Hierbei werden alle Schüler angehalten, den Text halblaut, aber betont vor sich hin zu lesen. Dabei wird die Klasse vielleicht zunächst Faxen machen, sich dann aber an diese Spielart des Vorlesens gewöhnen. Und Sie können aufgrund dieses völlig unaufwendigen Verfahrens mit gutem Gewissen behaupten, dass jeder Lerner Ihrer Gruppe in dieser Stunde Englisch gesprochen hat.

Ein ähnliches *buzzing noise* geht durch das Klassenzimmer, wenn Sie dialogische Texte in Partnerarbeit vorlesen lassen: Jedes Lernpaar liest den Text halblaut vor. Jeder ist aktiv. Jeder spricht die Fremdsprache.
Natürlich können Sie auch weiterhin Schüler nacheinander vorlesen lassen. Sie können der Abwechslung halber auch einmal den Vorlesenden bestimmen lassen, wann er aufhört und wer weitermachen soll. (Pfiffige Schüler enden mitten im Satz!) Jetzt muss sich die Klasse ganz anders auf den Text einlassen als bei dem klassischen Verfahren, bei dem jeder weiß, wer lesen wird.
Bei manchen Texten – oftmals bei fiktionalen – ist es auch möglich, einem Text eine weitere Les-Art zu geben. Weisen Sie die Schüler an, den Text so zu betonen, als wäre der Vorleser am Rande der Erschöpfung oder der Verzweiflung. Der Text kann von einem hochmütigen, einem schüchternen, einem glücklichen, einem zornigen Leser präsentiert werden – und jedes Mal wird er in einem neuen Licht erscheinen, das möglicherweise sogar für anschlussfähigen Gesprächsstoff sorgt.

Die Betonung variieren

Oder wie wäre es mit einem Wettkampf? Bei jüngeren Klassen sagen Sie mit ernster Miene: „Der Vorlese-Weltrekord für diesen Text liegt seit sechs Jahren bei 44 Sekunden. Ich denke, dass Ihr ihn brechen könnt. Damla, du fängst an zu lesen und liest, so lange du möchtest. Dann rufst du einen Jungen auf, der weitermacht. Dieser wiederum ruft, sobald er nicht mehr lesen mag, ein Mädchen auf und so weiter. Insgesamt müssen mindestens sechs von euch lesen. Jeder Vorlesefehler führt zu einem Zeitaufschlag von einer Sekunde. Ich messe die Zeit. Glaubt ihr, ihr könnt das schaffen?"

Achtung!

Angesichts der didaktischen Absichten ist es bei offeneren Vorlesemethoden wichtig, dass Sie behutsam durch die Reihen gehen und genau schauen, ob Ihre Schüler tatsächlich so arbeiten, dass diese didaktischen Absichten auch erfüllt werden können.

24

Herr B., der noch neu im Lehrgeschäft ist, versteht die Welt nicht mehr. Dabei hat er in seiner Achten doch alles richtig gemacht: Er hat bei dem Text zunächst die neuen Vokabeln eingeführt und ihn dann von CD präsentiert. Als er ihn zum zweiten Mal abspielt, dürfen die Schüler sogar mitlesen. Fragen haben die Schüler nicht. Und jetzt kommt das, was Herr B. nicht versteht: Als er eine vergleichsweise schlichte Analysefrage stellt – *What do you think is Tom afraid of?* –, bleibt es still im Klassenzimmer. Auch der Versuch, es den Schülern einfacher zu machen – *Have a look at the third paragraph of page 2!* – schlägt fehl.

In der Vermutung, dass die Frage zu schwierig war, belässt es Herr B. bei dieser Offenheit und versucht, das Gespräch in eine andere Bahn zu lenken: *Do you believe that the friendship between Fred and Tom is so strong that they can win against their enemies?* Doch auch das bleibt ohne Erfolg. Kurzerhand lässt Herr B. die Klasse eine Aufgabe zum Text bearbeiten – in Stillarbeit. Als er etwa zehn Minuten später die Ergebnisse abruft, ist er überrascht, dass sie keinerlei Anlass zur Klage bieten. Was ist geschehen?

Herr B. hat die Schüler überschätzt. Er, der studierte Anglist, der sich seit alters her mit Fremdsprachlichem auseinandersetzt, hat den Text am Abend zuvor mehrfach gelesen, sich Leitfragen überlegt und ein zusammenfassendes Tafelbild entwickelt. Zum Vergleich nun die Situation der Schüler: Sie haben den englischen Text einmal gehört und einmal gelesen. In den wenigsten Fällen ist dies ausreichend, um bei einer Lerngruppe ein belastbares Verständnis des Textes herzustellen. Wer dann recht zügig Vertiefungsfragen stellt, ohne den Schülern ausreichende Bedenkzeit zu gewähren, teilt die Erfahrung von Herrn B.

Den Schülern (Lese-)Zeit zugestehen

Ein wirklich belastbares Textverständnis ist daher die Grundlage jedweder ernstzunehmenden Auseinandersetzung mit einem Text – mit einem fremdsprachlichen sowieso. Mit welchen Kniffen Sie eine solche Basis schaffen können, erfahren Sie in den folgenden Tipps (Tipp 25–28).

› Tipp 25–28

Den PWP approach anwenden (1)

25

PWP ist die Abkürzung für *pre-, while-, post-reading/viewing/ listening* und bezeichnet eine für die Schüler lernpsychologisch günstige und für Sie als Lehrer eine gangbare Umgangsform mit einem Text. Diese Herangehensweise schlüsselt die Zeit, die im Unterricht auf einen Text angewandt wird, in drei Bereiche auf:

Funktionen der *pre-reading activities* ...

Pre-reading activities finden vor der Erstbegegnung mit dem Text statt. Sie sollen

- Neugier wecken,
- Vorwissen anregen,
- Vermutungen hervorbringen und
- Texte (vor)entlasten.

  Beispiel: *The title of our new text is "Witness". What do you think the text is about?*

... der *while-reading activities* ...

While-reading activities finden während der Lektüre statt und sollen

- das Lesen verzögern oder beschleunigen,
- vermeintlich Ungeordnetes ordnen und Sinnzusammenhänge herausstellen,
- Bezug nehmen auf die *pre-reading phase* und
- insbesondere dem Textverständnis dienen.

  Beispiel: *Underline all passages in which we learn something about Peter!*

... und der *post-reading activities*

Schließlich sollen *post-reading activities*, die nach der Lektüre durchgeführt werden,

- den Text in einen größeren Zusammenhang stellen,
- vielschichtige Fragestellungen erlauben,
- interkulturelle und mediale Transferleistungen eröffnen sowie
- sprachliches Fortkommen ermöglichen.

  Beispiel: *Turn the short story into a videoclip!*

Gerade für einen unerfahreneren Lehrer ist dieser Dreischritt der Textarbeit leicht zu verinnerlichen. Das Vorgehen bietet ein übertragbares Handlungsmuster, mit dem er nichts falsch machen kann – sofern er darauf achtet, dass das Verhältnis der drei Einzelschritte zueinander passt (Tipp 24, 26).

› Tipp 24, 26

Den PWP approach anwenden (2)

26

› Tipp 25

Das hier abgebildete Dreieck macht deutlich, welchen Umfang die Einzelschritte des *PWP approach* (Tipp 25) einnehmen sollen:

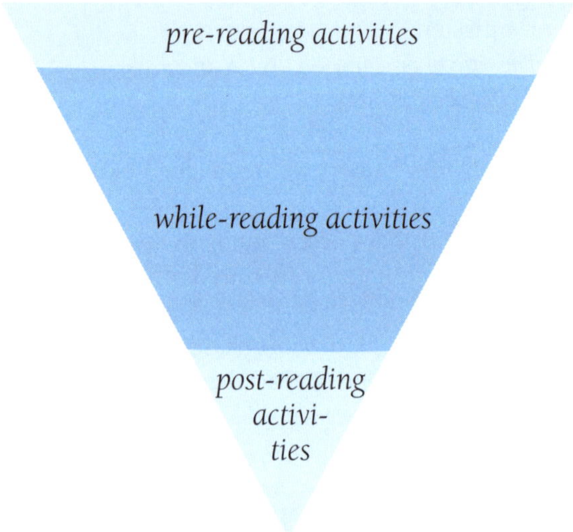

Man erkennt also unschwer, dass *pre- und while-reading activities* großen Raum beanspruchen. Weshalb das so sein soll? Weil in diesen beiden Phasen das Textverständnis hergestellt wird, das für jedwede sinnvolle Auseinandersetzung mit einem Text unerlässlich ist (Tipp 24). Anders gesagt: Wenn Sie lediglich jeweils eine einzige *pre-* und *while-reading activity* durchführen, wäre es verwunderlich, wenn Sie anschließend mit Ihrer Lerngruppe eine vertieftes Gespräch über den betreffenden Text führen könnten.

› Tipp 24

27

Es gibt *pre-reading activities*, die sich bewährt haben und mit jeder willigen Lerngruppe klappen. Der Vorteil für Sie besteht darin, dass Sie, sobald Sie diese Verfahren verinnerlicht haben, einen Handlungsspielraum gewinnen, der es Ihnen erlaubt, den Blick auf andere Dinge zu richten. Und sollten Sie ausnahmsweise eine Vertretungsstunde nicht mustergültig vorbereitet haben, so verfügen Sie über ein Methodenwissen, kraft dessen Sie dies flott wettmachen können.
Sie erinnern sich: *Pre-reading activities* haben beispielsweise die Aufgabe, Vorwissen verfügbar zu machen (Tipp 25). Der Titel eines Textes ist oftmals eine wunderbare Fundgrube für geeignete Leitimpulse. Dies gilt insbesondere, wenn der Titel die klassischen Fragen Wo?, Wer? oder Was? beantwortet. Hier ein paar Beispieltitel aus einem bekannten Lehrwerk (Schwarz/Rademacher 2010):

› Tipp 25
Titel nutzen

- *In the Outback*
- *The Caller*
- *Travel advice*

Wenn Ihr Blick hierfür geschärft worden ist, fallen Ihnen problemlos *pre-reading activities* ein, die das Vorwissen der Schüler einbinden. Und Sie brauchen dabei nicht einmal nachzudenken:

- *Imagine you are in the Australian outback. What can you see, feel, hear, smell there?*
- *Our next story is “The Caller”. How many different callers can you think of?*
- *“Travel advice” is the title of our next story. Remember your last holiday trip. Now imagine your partner wanted to go to the very same place. Which three pieces of travel advice would you give to her or him?*

Gleich mal ausprobieren

Die Kraft, die Sie durch die Routinenbildung einsparen, wenden Sie auf andere Stolpersteine der *pre-reading phase* an, etwa der Frage- und Impulstechnik.

Auf bewährtes pre-reading setzen (2)

28

Mit *key-words* arbeiten

Ein methodischer Kniff, der gerade bei *pre-reading activities* zu fiktionalen Texten immer gut klappt, ist das Spielen mit Schlüsselbegriffen.

Sie kennen ja die Geschichte, um die es gehen soll, und entsprechend leicht dürfte es Ihnen fallen, fünf bis sechs Nomina auszuwählen, anhand derer die Schüler vorab den Inhalt annäherungsweise erraten können. Die Erfahrung zeigt, dass insbesondere Gegenstände (*knife, shoe*) und allgemeine Gattungsbezeichnungen (*stranger, student*) geeignet sind. Schreiben Sie die Begriffe an die Tafel und lassen Sie die Schüler Vermutungen zum Inhalt der Geschichte äußern – gerne natürlich auch in Partnerarbeit. Nach wenigen Minuten bitten Sie zwei, drei Schüler, ihre Ausgestaltung der Geschichte vorzutragen. Haken Sie währenddessen die Begriffe, die von den Schülern genannt werden, an der Tafel ab – so sehen Sie leichter, ob etwas vergessen wurde. Bedenken Sie, dass es bei dieser Übung nicht so sehr um richtige Lösungen geht als vielmehr um die Einstimmung auf den Text durch das Sprechen der Fremdsprache.

Gleich mal ausprobieren

Bereiten Sie gut lesbare Kärtchen mit Ihren Schlüsselbegriffen vor, die dann von dem Schüler, der gerade seine Vermutungen vorstellt, entsprechend an der Tafel angeordnet werden können. Dies erlaubt Ihnen später einen Rückbezug auf die Vermutungen Ihres Schülers.

Achtung!

Wenn Sie die *pre-reading activities* nicht mit späteren Unterrichtsschritten verzahnen, werden Ihre Schüler irgendwann denken, dass all das, was vor dem eigentlichen Lesen geschieht, dem reinen Selbstzweck dient. Entsprechend lustlos wird dann gearbeitet werden. Das Verklammern aller Arbeitsschritte ist ein hohes didaktisches Gut. Vergleichen Sie also immer die Analyseergebnisse mit denen aus der *pre-reading phase*.

Auf Sehtexte setzen

29

› Tipp 25, 26

Ist bei einem neuen Text ein erstes Verständnis herbeigeführt worden (Tipp 25, 26), wird es auch immer wieder darum gehen, diesen Text genauer zu untersuchen. Dies ist im Übrigen keine Frage der Schulform oder der Klassenstufe („Englische Texte interpretieren? Das gibt's doch nur im Leistungskurs der Oberstufe!"); denn Fragen nach dem Charakter einer Figur, nach der Personenkonstellation, nach dem Schauplatz und nach den Beweggründen der Figuren etc. werden, zwar mit unterschiedlichen Anforderungen, in allen Schulformen und Klassenstufen gestellt.
Wie können Sie es aber bewerkstelligen, dass diese überschaubare Fragensammlung möglichst motivierend auf die Schüler wirkt? Eine mögliche Antwort: Setzen Sie auf schriftliche Sehtexte als *while-reading activity*. Nehmen Sie Abstand davon, einen Text ausschließlich mündlich untersuchen zu lassen. Sie verlieren ansonsten nämlich schnell den Schüler, der sich nicht getraut, vor versammelter Mannschaft seine Meinung unvorbereitet in der Fremdsprache kundzutun. Zudem schwindet in vielen Klassen das Durchhaltevermögen beim Unterrichtsgespräch, sodass auch deshalb Schriftinseln nottun.
Selbstverständlich ist mit dem Aufwerten des Schriftlichen nicht gemeint, dass wir die Schüler immerzu in Stillarbeit Besinnungsaufsätze verfassen lassen. Das würde Zeit- und Motivationsverlust auf allen Seiten nach sich ziehen. Vielmehr benötigen wir schriftliche Aufgaben, die der Visualisierung verpflichtet sind und die Untersuchungsergebnisse augenfällig machen. Kurzum: Aufgaben, die wenig Schreib-, aber viel Bild- und Abstraktionsarbeit nach sich ziehen.

Was sind Sehtexte?

Ein Beispiel: In der achten Klasse geht es in der Geschichte am Ende des Lehrwerks um zwei Freunde, die sich aufgrund eines Vorfalls zerstreiten und schließlich sogar Feinde werden. Selbstverständlich kann der Wandel dieser Freundschaft im Unterrichtsgespräch erarbeitet werden. Geschickter ist es jedoch, einen Sehtext daraus machen zu lassen. Beispielsweise können die Schüler ein Diagramm zeichnen, das den Verlauf der Freundschaft anzeigt. Hierfür müssen sie die entscheidenden Handlungsschritte herausfiltern, die zur Verschlechterung des Verhältnisses beitragen. Es ist also eine vertiefte Auseinandersetzung mit dem Text nötig, die wichtigen Ereignisse müssen in der Zielsprache verschriftlicht werden und das abstrakte Ergebnis wird in der Entwicklungslinie sichtbar:

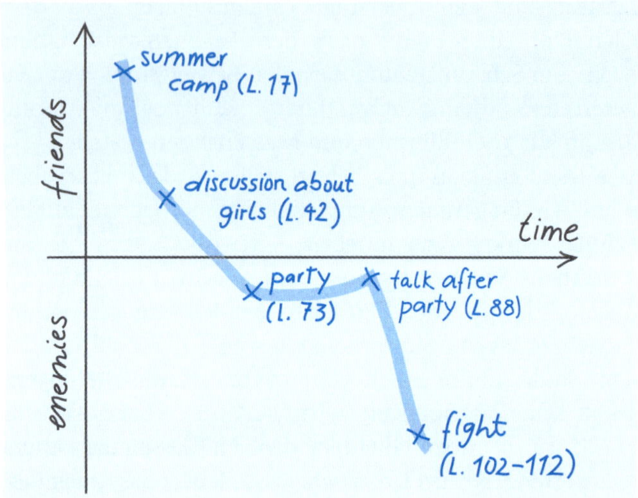

Solche Sehtexte können alleine oder mit einem Partner erarbeitet und präsentiert werden. Es muss viel gelesen, viel überlegt und wenig geschrieben werden. Ferner verarbeitet und verinnerlicht der Schüler die Geschichte aufgrund der Tätigkeit mit beiden Hirnhälften sehr viel eindringlicher als bei der rein mündlichen Behandlung. Im Übrigen ist ein fertiger Sehtext die beste Grundlage für ein weiterführendes Unterrichtsgespräch (*When you think was the point of no return for their friendship?*; Tipp 50).

› Tipp 50

Gleich mal ausprobieren

Ihrer Fantasie sind beim Erfinden von Sehtexten keine Grenzen gesetzt. Versuchen Sie es mit Flussdiagrammen, Graphen, Mindmaps, *tag clouds* etc.

Echt (und) anspruchsvoll fragen

30

Es gibt eine Frage, die immer dafür sorgt, dass sich die entsprechende Lerngruppe gleichsam auf Knopfdruck so sehr ins Zeug legt wie sonst nur selten. Bei Shakespeares *sonnet 18* kommt die Rede irgendwann auf die beiden letzten Zeilen, in denen der Sprecher die Unsterblichkeit des Du beschwört:

[...]
So long as men can breathe or eyes can see,
So long lives this, and this gives life to thee.

Alles, was man nun sagen muss, ist: *I have treasured this poem for years. Frankly, I have never fully understood the rhyming couplet, though. Maybe you can help me?* Ab jetzt läuft der Laden von alleine, und bis zum Klingeln werden sich eine Vielzahl der Schüler mit klugen Einsichten am Gespräch beteiligt haben.

Zwei Rückschlüsse lässt das Beispiel zu. Setzen Sie erstens immer wieder auf echte Fragen als *while-* oder *post-reading activities*, und geben Sie unumwunden zu, dass Sie bei der Klärung dieser auf Hilfe angewiesen sind. Und zweitens: Trauen Sie Ihren Schülern ruhig etwas zu. Die beiden Zeilen sind nämlich wirklich nicht leicht zu verstehen. Es handelt sich also um etwas durchaus Anspruchsvolles. Und genau diese Herausforderung scheint Schüler anzuspornen.

Pfiffige Anschlussaufgaben stellen

31

Das Schwierigste ist geschafft: *pre-* und *while-reading activities* (Tipp 27–30) wurden abgearbeitet und die Lernenden haben so ein vertieftes Verständnis des neuen Textes gewonnen. Jetzt wollen Sie dem Ganzen noch die Krone aufsetzen und die eine oder andere *post-reading activity* durchführen (Tipp 26), um das Gelernte in einen noch größeren Zusammenhang zu stellen.

› Tipp 27–30

› Tipp 26

Die gute Nachricht ist: Anschlussaufgaben sind einfacher zu entwerfen als solche, die der genauen Untersuchung eines Textes verpflichtet sind. Sie gewähren Ihnen nämlich größere Freiheiten.
Aus den vielen möglichen Anschlussaufgaben werden im Folgenden solche beschrieben, die

- einfach zu entwerfen und durchzuführen sind,
- überschaubare Unterrichtszeit beanspruchen und
- keinen unbotmäßigen Material- oder Technikaufwand erfordern.

Mit Bilden arbeiten

Gängig sind bild- und darstellungsorientierte Anschlussaufgaben. Wann immer Sie eine Geschichte des Lehrwerks in einen Comic, in eine Collage oder aber in ein Rollenspiel umwandeln lassen, gehen Sie bild- beziehungsweise darstellungsorientiert vor. Übrigens: Wenn an Ihrer Schule kein grundlegendes Handyverbot herrscht, haben Sie auch die Möglichkeit, eine *photo story* zu der gerade behandelten Geschichte erarbeiten zu lassen. Dies mögen Schüler erfahrungsgemäß recht gern.

Leerstellen füllen lassen

Plot-Orientierung liegt vor, wenn Schüler Leerstellen der Geschichte füllen (*What happened before?*), wenn sie Gegenentwürfe ausarbeiten (*Write an alternative ending for the story*) oder mit den Handlungsverläufen der Texte spielen (*Imagine he had never met her – what would have happened?*).
Inhaltsorientierte Aufgaben nehmen beispielsweise die Stimmung, die Widersprüche oder die vermeintliche Botschaft des Textes in den Blickwinkel. Gängige Arbeitsaufträge wären dann: *Analyse the imagery of the poem* oder: *Who would you cast for the four main roles?*

Kreative Anschlussaufgaben

Auch kreative Aufgaben sind möglich: *If you were to turn this story into a movie, which five songs would you choose for its soundtrack?* oder: *Create the facebook page of the protagonist.*
Eine beliebte, wertungsorientierte Anschlussaufgabe: *Talk to your partner and agree on two aspects of the story that both of you like. Then find one thing that the two of you dislike. Do not use the word "boring".*

32

Insbesondere am Gymnasium müssen Lehrer aufpassen, dass ihr Unterricht nicht zu sehr verkopft. Lexik, Grammatik, Texte – all dies lässt sich eben so wunderbar kopflastig angehen. Lernen vollzieht sich aber auch andernorts: Denken Sie an Ihre Fahrstunden oder an die Lehren, die Sie aus Ihrem ersten niederschmetternden Elterngespräch gezogen haben.

Wenn man also auch mit Hand und Herz lernen kann, dann sollte dies bei der Textarbeit Berücksichtigung finden. Wie das geht, erfahren Sie in diesem Tipp.

Handlungsorientierte Verfahren einsetzen

Der Begriff der Handlungsorientierung hat sich die Hand richtungsgebend auf die Fahnen geschrieben. Verfahren mit einem solchen Zuschnitt sind stets geeignet, der Kopflastigkeit entgegenzuwirken. Lassen Sie Ihre Schüler daher an passenden Gelenkstellen der Textarbeit immer wieder zeichnen oder Sehtexte verfassen (Tipp 29). Ein Cover zu einer behandelten Geschichte zu entwerfen geht immer!

› Tipp 29

Scheuen Sie sich ferner nicht, kreative Schreibaufgaben zur Befindlichkeit einer Textfigur zu stellen – so holen Sie den Bereich der Gefühle in Ihren Unterricht (*How does she feel after their meeting? Write the Whatsapp message she sends to her best friend.*).

Gefühle in den Unterricht holen

An dieser Stelle sei ausdrücklich auf das darstellende Spiel hingewiesen. Indem szenische Verfahren Köpereinsatz und Einfühlungsvermögen erfordern, bringen sie auf einen Schlag Hand und Herz ins Klassenzimmer. Vor diesem Hintergrund haben sie ihre ganz eigene Berechtigung auch im Englischunterricht.

Achtung!

Vermutlich werden wir immer hauptsächlich Kopfarbeit betreiben. Der Versuch, ein Gleichgewicht oder gar ein Untergewicht des Kognitiven herbeizuführen, muss zwangsläufig in Widerspruch geraten mit den überwiegend kopflastigen Lehrplänen.

33 Intertextuell arbeiten

Das in diesem Tipp beschriebene Vorgehen bei der Behandlung von Texten eignet sich aufgrund der hohen Ansprüche, die es an die Schüler stellt, nur für die Sekundarstufe II. Vielleicht haben Sie in Ihren Kursen schon einmal Kurzgeschichten von E. A. Poe unterrichtet. Üblicherweise gibt man nach einer kurzen Einführung eine *short story* aus, beispielsweise *The Masque of the Red Death.* Diese wird dann gemeinsam mit dem Kurs gelesen und besprochen; mit einer kreativen Schreibaufgabe wird die Geschichte dann abgeschlossen. Als Nächstes steht dann vielleicht *The Cask of Amontillado* auf dem Plan, und auch hierauf werden zwei, drei Stunden verwandt. Um etwas Abwechslung in die Textsortenauswahl zu bringen, wird zwischendurch in einer Doppelstunde ein Gedicht von Poe besprochen, vielleicht *Annabel Lee*. Am Abschluss dieser kleinen Unterrichtseinheit steht dann möglicherweise *The Tell-Tale Heart*, jenes unschlagbare und auf jede Schülergeneration wirkende Meisterwerk Poes.

Man kann Texte nacheinander behandeln …

Dieses Nacheinander der Textbehandlung ist gängig, und dagegen ist didaktisch auch nichts einzuwenden. Allerdings: Wenn die Texte so deutliche Überschneidungen im Hinblick auf Handlung, Schauplatz, Figuren, Sprache und Stimmung aufweisen, können sie auch gleichzeitig behandelt werden.

Die Vorgangsweise ist dabei folgende: Nach einer kurzen Einführung wird beispielsweise gemeinsam *Annabel Lee* besprochen. In den Folgestunden stehen dann die drei genannten Geschichten Poes an – diese waren zwei Wochen zuvor ausgeteilt worden und bis zu diesem Tag zu lesen.

… oder gleichzeitig

Jetzt kann der Lehrer intertextuell vorgehen. Anstatt nacheinander die Stimmung einer jeden Kurzgeschichte zu untersuchen, können die Schüler nun gleichzeitig drei Texte hierauf prüfen und ein Vergleich mit *Annabel Lee* kann abschließend hergestellt werden. Es sind häufig ganz grundsätzliche Leitfragen, die bei einer solchen Herangehensweise besprochen werden können:

- *Who? (cast)*
- *Where? (place, atmosphere)*
- *When? (time)*
- *What? (plot)*
- *Why? (motivation)*
- *How? (language)*

Es steht außer Frage, dass dies große Anforderungen an die Textkenntnis der Schüler stellt. Die Ergebnisse, die auf diesem Wege erzielt werden, sind indes ansprechend und anspruchsvoll – eine Tatsache, die üblicherweise auch von den Schülern selbst erkannt wird.

Um die Ecke gedacht

Dieses Verfahren bietet auch hinsichtlich der schriftlichen Leistungsüberprüfungen gewisse Reize. Angenommen, Sie haben *Annabel Lee, The Tell-Tale Heart* und *The Cask of Amontillado* in Ihrem Kurs besprochen. Geben Sie dann drei Tage vor der Überprüfung *The Masque of the Red Death* aus. Teilen Sie dem Kurs mit, dass die Arbeit diese Geschichte und die bereits behandelten Texte von Poe zum Gegenstand haben wird. *The Masque of the Red Death* besprechen Sie mit Ihrem Kurs jedoch nicht. Die Überprüfung sieht dann so aus:

Answer one of the following options:

- *Option "when": The carnival motif in "The Masque of the Red Death" and "The Cask of Amontillado"*
- *Option "where": The setting of "The Masque of the Red Death" and "Annabel Lee"*
- *Option "why": Reasons for death and murder in "The Masque of the Red Death" and "The Tell-Tale Heart"*

Whichever option you take, proceed as follows:

- *Summarise the details relevant to your option.*
- *Compare two essential similarities and contrast two significant differences.*
- *In the light of your option, state which text you prefer.*

Gleich mal ausprobieren

Intertextuell arbeiten können Sie auch gut mit Sherlock-Holmes-Geschichten *(The Solitary Cyclist, The Musgrave Ritual, The Copper Beeches, The Final Problem)* oder romantischen Balladen.

34 Track-Nummer im Lehrwerk notieren

Die einfachen und naheliegenden Tipps sind oftmals die besten: Vielleicht haben Sie schon einmal in einer Klasse vollmundig die nächste *listening comprehension* angekündigt, sich zum Audiogerät begeben und – die richtige Stelle auf dem Tonträger nicht gefunden. Und am Anfang fanden es die Schüler noch lustig, dass Sie einen Track nach dem anderen anspielen mussten, nur um verärgert zum nächsten zu wechseln …

Eine gängige CD zum Lehrwerk kann immerhin bis zu sechzig Audiotracks umfassen. Notieren Sie deshalb unbedingt die Track-Nummer, und zwar nicht auf Ihrem Spickzettel für die Stunde, sondern im Lehrwerk, direkt neben den dazugehörigen Übungen. Es ist nämlich sehr wahrscheinlich, dass Sie zu einem späteren Zeitpunkt dieses Lehrwerk wieder benutzen – und bis dahin dürfte Ihr Spickzettel kaum mehr auffindbar sein.

35 Die richtige Hardware benutzen

Wer als Nicht-Muttersprachler des Englischen Hörverstehen unterrichtet, ist, um den Schülern authentisches Englisch bieten zu können, zwangsläufig auf Geräte angewiesen: auf CD-Player oder Computer mit hinreichend lauten Boxen. Wenn Sie in jedem Ihrer Klassenzimmer solche Geräte verfügbar haben, brauchen Sie an dieser Stelle nicht weiterzulesen.

Sie sind noch da? Dann arbeiten Sie wahrscheinlich an einer Schule, in der Sie bisweilen diesen Geräten nachlaufen müssen – dabei stets hoffend, dass der CD-Player Ihre CD auch wirklich lesen wird.
Wenn Sie etwas Freude an technischen Dingen haben und zudem ein Smartphone mit NFC oder Bluetooth besitzen, können Sie folgendermaßen vorgehen:

- Besorgen Sie sich einen kleinen NFC- oder Bluetooth-Lautsprecher. Achten Sie darauf, dass er mit einem wiederaufladbaren Lithium-Ionen-Akku ausgestattet ist, dessen Laufzeit mindestens vier Stunden beträgt. Es gibt besonders schmale Lautsprecher, die gut in eine Aktentasche passen. Manche wiegen sogar nur 130 g.
- Wandeln Sie mit Ihrem Computer die Audiotracks Ihrer rechtmäßig erworbenen Lehrwerks-CDs in das MP3-Format um.
- Übertragen Sie diese nunmehr in MP3-Format vorliegende digitale Kopie Ihrer Lehrwerks-CD auf Ihr Smartphone.
- Koppeln Sie einmalig Lautsprecher und Smartphone per NFC beziehungsweise Bluetooth.

Im Klassenzimmer müssen Sie jetzt nur noch den Lautsprecher anschalten und den gewünschten Audiotrack per NFC beziehungsweise Bluetooth von Ihrem Smartphone abspielen. Bis die Verbindung steht, vergehen insgesamt etwa zehn Sekunden.
Mit dieser Ausrüstung können Sie jederzeit und überall jeden beliebigen Audiotrack abspielen. Und das alles ohne ein einziges Kabel.

Achtung!

Vergessen Sie nicht, die Track-Nummern in Ihrem Lehrwerk zu notieren (Tipp 34).

› Tipp 34

Texte zum Hörverstehen vorbereiten

36

Machen wir uns nichts vor: Hörverstehen ist und bleibt für Schüler oftmals eine harte Nuss. Die Sprecher auf der CD sind Muttersprachler und reden häufig schneller und gelegentlich etwas undeutlicher als die Lehrkraft. Um möglichst wirklichkeitsgetreu zu wirken, finden sich auf den Aufnahmen zudem vielfach Hintergrundgeräusche, die für Ablenkung sorgen. Obendrein kann ein Schüler, wenn er einen Nebensatz nicht verstanden hat, zum Sprecher eines Audiotracks nicht sagen: *Can you repeat that, please?*

Die Schlussfolgerung hieraus ist klar: Texte zum Hörverstehen müssen besonders sorgfältig durch entsprechende *pre-listening activities* vorbereitet werden. Überlassen Sie dies nicht dem Zufall, sondern entwickeln Sie zur effektiven Vorentlastung gewissermaßen eine tägliche Routine. Folgendes gilt es dabei zu beachten.

› Tipp 5, 6

Vorab semantisieren

- Semantisieren Sie grundsätzlich vorab (Tipp 5, 6). Den Audiotrack abzuspielen und anschließend nach unbekannten Wörtern zu fragen, ist schlichtweg unprofessionell, weil das Erstverstehen der Schüler durch die unbekannte Lexik von vornherein gefährdet ist. Scheuen Sie sich nicht davor, ein bestimmtes Wortfeld vorab zu wiederholen – sofern der Text ein bestimmtes Wortfeld erfordert, wie zum Beispiel *at the grocer's*. Sie senken die lexikalischen Hürden für Ihre Schüler dadurch erheblich. Denken Sie auch daran, Vor- und Familiennamen, die für Verwirrung sorgen könnten, anzuschreiben.

Auf den Text einstimmen

- Stimmen Sie die Schüler auf den Text ein (vgl. Haß 2006, S. 78 f.). Verraten Sie zum Beispiel den Titel des Textes und lassen Sie die Schüler Vermutungen zum Inhalt anstellen (*The title of our text is "At the Grocer's". Who do you think is talking in this text?*). Sofern Fantasiereisen Teil Ihres persönlichen Methodenkoffers sind, wäre jetzt der richtige Zeitpunkt für eine solche gekommen. Auch die Arbeit mit einem Bild kann den Text zum Hörverstehen vorentlasten – wenn Sie dabei gleichzeitig wichtige Lexik einführen, schlagen Sie zwei Fliegen mit einer Klappe.

- Geben Sie den Schülern vor dem ersten Hören einen vergleichsweise groben Hörauftrag. Stellen Sie sicher, dass ihn alle verstanden haben, und weisen Sie vorsorglich darauf hin, dass es zunächst noch nicht darum gehen wird, alles zu begreifen. Solche Höraufträge beginnen oft mit den W-Fragen *where?*, *when?* und *who?* Vermeiden Sie Höraufträge mit *why?* – diese setzen in den meisten Fällen genaues Zuhören voraus (Tipp 37), und so weit sind die Schüler zu diesem Zeitpunkt noch nicht. Ein Operator, der vielfach die gewünschte Offenheit nach sich zieht, ist übrigens *describe*.

Einen Hörauftrag geben

› Tipp 37

Eine Selbstverständlichkeit, die gerne vernachlässigt wird: Spielen Sie den Audiotrack erst dann ab, wenn Ihre Schüler aufmerksam sind und wirklich beendet haben, was sie zuvor erledigen mussten.

Achtung!

Die Lautstärke Ihres CD-Players oder Bluetooth-Lautsprechers (Tipp 35) zu überprüfen, gehört auch zur Vorentlastung. Nichts ist für Sie stressiger, als bei schon laufendem HV-Text an einem fremden Gerät die Lautstärkeregelung zu suchen!

› Tipp 35

Schüler beim Hören unterstützen

37

Sie haben die Schüler gründlich auf den Text zum Hörverstehen vorbereitet (Tipp 36) und das Grobverständnis mit ein, zwei geeigneten Höraufträgen überprüft. Sicherlich werden Sie den Text nun erneut abspielen, damit die Lerngruppe ihr Verständnis vertiefen kann. Und auch hierbei lassen Sie die Schüler nicht allein, sondern unterstützen sie mit passenden *while-listening activities*.

› Tipp 36

Natürlich können Sie dabei einen möglichst einfachen Weg einschlagen, indem Sie einen Hörauftrag mündlich ausgeben, etwa *Why is the grocer angry about John, and how does John defend himself?* Dieser wird nach dem zweiten Hören dann mündlich besprochen, und schon kann es weitergehen. Die Frage ist nur, ob tatsächlich allen Schülern geholfen ist mit einem Hörauftrag, der zweifach anspruchsvoll ist, weil die Lernenden sinnentnehmend hören und sich das Ganze auch noch merken müssen.

Antwortgerüste bereitstellen

Eine echte Stütze sind daher *while-listening activities*, die den Schülern ein schriftliches Antwortgerüst zur Verfügung stellen. Dies kann etwa eine leere Tabelle sein, die beim zweiten Hören von den Schülern ausgefüllt wird. Der oben genannte Hörauftrag mit John und dem *grocer* könnte beispielsweise durch folgendes Antwortgerüst gestützt werden:

	John	*the grocer*
what he says or does		
reaction		
what he says or does		
reaction		
outcome		

Das Antwortgerüst bündelt und lenkt die Aufmerksamkeit des hörenden Schülers; es stellt ihm von vornherein eine Gliederung zur Verfügung und nimmt ihm auch dadurch eine Denkleistung ab, die ihn vom sinnentnehmenden Hören ablenken könnte.

Achtung!

Als Antwortgerüste eignen sich grundsätzlich Visualisierungsformen, die mit sehr wenigen Worten auszufüllen sind – denn wenn Ihre Schüler viel schreiben müssen, werden sie sich nicht mehr auf das Hören konzentrieren können. Und die geschulte Kompetenz ist nicht mehr *listening*, sondern *writing*.

Um die Ecke gedacht

Gerade für Lehrer, die noch nicht so lange im Dienst sind, ist es ungleich einfacher, ein schriftliches Antwortgerüst abzugleichen, als einen mündlich gegebenen Hörauftrag im Unterrichtsgespräch zu überprüfen. Ein weiterer angenehmer Nebeneffekt eines gut gegliederten Antwortgerüsts!

38 Händische Lösungen anbieten

Einen Vorwurf, den man im Zusammenhang mit materialbasiertem Differenzieren vielfach hört, ist der des unverhältnismäßigen Aufwands. Hier ein Tipp, der diesen Vorwurf entkräftet.

Wenn Sie für einen Hörauftrag ein Arbeitsblatt mit einem geeigneten Antwortgerüst entworfen haben, besteht für Sie nun die Möglichkeit, Ihren Schülern weitere Stützen zukommen zu lassen, und zwar vergleichsweise aufwandsarm. Schneller werden Sie kaum differenziertes Arbeitsmaterial erstellen können! Gehen Sie wie folgt vor:

Einfaches Erstellen von Antwortgerüsten

- Speichern Sie Ihr leeres Antwortgerüst ab.
- Kopieren Sie das leere Antwortgerüst in Ihrem Textverarbeitungsprogramm auf eine neue Seite.
- Geben Sie in den Feldern, die von den Lernenden ausgefüllt werden sollen, drei ankreuzbare Antworten vor. Von diesen ist immer nur eine richtig.

	John	*the grocer*
what he says or does		❑ *John = thief* ❑ *John = liar* ❑ *John = burglar*
reaction	❑ *laughs at him* ❑ *wants to leave him* ❑ *talks to him*	
what he says or does		❑ *has seen John* ❑ *has a witness* ❑ *calls the police*
reaction	❑ *is afraid* ❑ *calls for help* ❑ *collapses*	
outcome	❑ *they become friends* ❑ *they fight* ❑ *they wait for the police*	

- Drucken Sie die Seite mit dem leeren Antwortgerüst und die mit dem ankreuzbaren Antwortgerüst aus.
- Überlegen Sie, wie viele Schüler in Ihrer Lerngruppe wirklich ein ankreuzbares Antwortgerüst benötigen, und vervielfältigen Sie die beiden Papiere in entsprechender Stärke.

Gleich mal ausprobieren

Sie müssen übrigens nicht jeden Bereich des Antwortgerüstes mit ankreuzbaren Vorschlägen versehen, denn es ist nicht immer alles gleich schwierig. Vielleicht möchten Sie auch ein teilweise ankreuzbares Antwortgerüst als drittes Differenzierungsniveau nutzen.

Nur die wichtigen Film Terms lehren

39

Wenn es um Film geht, kann niemand Herrn L. auch nur in Ansätzen das Wasser reichen. Dabei verfügt der Englischlehrer nicht nur über ein beachtliches Filmarchiv. Nein, gerade auch sein Wissen über Filmgeschichte, -theorie und -technik ist geradezu legendär. Für den Film-Fachmann gehört es selbstredend zum guten Ton, dass man nicht irgendwie über Filmisches plaudert. Schließlich müssen die Dinge genau beim Namen genannt werden, und deshalb, so Herr L., geht an einer gründlichen Schulung der *film terms* kein Weg vorbei. Dies rechtfertigt in seinen Augen auch die beiden doppelseitig bedruckten Kopien, die er als Hausaufgabe seinem Kurs zum Lernen gibt. Von A wie *anchorage* bis Z wie *zoom* findet sich hier jeder Fachterminus aufgelistet, der dem Film-Experten geläufig ist. Weshalb die Schüler sich so unleidig verhalten, als er eine Überprüfung der Hausaufgabe ankündigt, ist ihm schleierhaft.

Weniger ist mehr

Der langen Rede kurzer Sinn ist selbstverständlich der: Weniger ist auch bei der Filmanalyse mehr. Seien Sie ehrlich: Müssen Schüler wirklich wissen, wofür der *gaffer* zuständig ist und was *superimposition* bedeutet? Man kann sich auch ohne die Kenntnis solch entlegenerer Fachbegriffe anspruchsvoll über Film unterhalten.

Ein Mindestwissen sollte dies umfassen:

- *point of view*
- *field sizes*
- *camera angels*
- *camera movement*

Achtung!

Viele Lehrwerke bieten Ihnen im Anhang Listen wie die von Herrn L. an. Machen Sie nicht den Fehler und lassen Sie diese von Ihren Schülern lernen. Lassen Sie lieber die Schüler die Begriffe unterstreichen, die wirklich wichtig sind, und üben Sie diese praxisorientiert, also während der Behandlung eines Filmes ein.

40 Lend me your eyes spielen

Film kann bestechend viel, und das Sehverstehen kann auf so vielfältige Weise geschult und überprüft werden, dass sich der klassische Verwendungszweck des Films in der Schule – nämlich der des Lückenbüßers oder Letzte-Stunden-Füllers – eigentlich verbietet.

Ein sehr schönes Spiel, das Sehen und Sprechen schülerorientiert-motivierend miteinander verknüpft, ist *lend me your eyes* (Weißling/Yareham 2001, S. 39). Suchen Sie hierfür zwei Filmsequenzen aus, die sich durch viel Handlung und Bewegung auszeichnen. Weisen Sie die Schüler an, zu zweien zusammenzuarbeiten. Dabei sollten sich die Schülerpaare im Klassenzimmer so aufstellen, dass jeweils ein Schüler den Bildschirm sehen kann, der andere aber mit dem Rücken zum Fernseher steht. Spielen Sie nun die Szene ohne Ton ab und lassen Sie den sehenden Schüler dem vermeintlich blinden die Szene in Echtzeit auf Englisch beschreiben. Lassen Sie die Schüler nun die Rollen tauschen und die zweite Szene schildern.

Im anschließenden Unterrichtsgespräch können zwei, drei Schüler die mentalen Bilder, die aufgrund der Beschreibungen entstanden sind, versprachlichen. Wenn nun für alle sichtbar die Szenen gezeigt werden, stellen sich üblicherweise fruchtbare Gespräche ein.

Aufwärmaktivität

Das Spiel erfüllt den Zweck einer Aufwärmaktivität und kann ab der siebten Klasse durchgeführt werden. Eine Spielart ergibt sich übrigens durch das Zu- oder Abschalten der Tonspur.

41 Tell me the truth spielen

Ein Verfahren, das bei der Behandlung von Film bislang immer seinen Zweck erfüllt hat, ist das Spiel *tell me the truth* (Weißling/Yareham 2001, S. 11). Wenn Sie eine ausgewählte Szene genauer untersuchen lassen wollen, ist dies eine hervorragende Übung zur Einstimmung. Gehen Sie folgendermaßen vor:

- Verfassen Sie zu der ausgewählten Szene eine Inhaltsangabe mit sieben, acht Fehlern (*corrupt summary*). Sieht man beispielsweise die Hauptdarstellerin beim Tennisspiel mit einer dunkelhaarigen Freundin, so schreiben Sie *She is playing golf with her dark-haired husband.*
- Kopieren Sie für die Hälfte Ihrer Lerngruppe das *corrupt summary.*
- Senden Sie die Hälfte Ihrer Lerngruppe aus dem Klassenzimmer und geben Sie diesen Schülern das *corrupt summary* mit der Maßgabe, es genauestens zu studieren.
- Zeigen Sie den verbleibenden Schülern die ausgewählte Szene. Bitten Sie um größtmögliche Aufmerksamkeit.
- Führen Sie nun die Klasse wieder zusammen und lassen Sie Lerntandems bilden. Geben Sie Ihren Schülern die Fehleranzahl des *corrupt summary* bekannt und weisen Sie die Tandems an, möglichst viele Fehler im Gespräch zu finden.
- Zur Auflösung zeigen Sie der gesamten Lerngruppe die Szene.

Sie werden sehen, dass die Schüler schon jetzt ein sehr genaues Bild von der betreffenden Szene haben, sodass Sie in dieser Stunde erfreuliche Analyseergebnisse verzeichnen können.

Achtung!

Achten Sie darauf, dass die zurückkehrenden Schüler ihren Partnern nicht einfach das *corrupt summary* hinhalten und um Fehlerkorrektur bitten. So wird nämlich aus einer sehr kommunikativen Übung Stillarbeit. Scheuen Sie sich in einem solchen Fall nicht davor, das Blatt einzusammeln.

Untertitel zur Mediation nutzen

42

Wenn Sie einen Film von DVD zeigen, haben Sie meistens die Möglichkeit, englische oder deutsche Untertitel einzublenden. Deutsche Untertitel haben im Englischunterricht nichts verloren – es sei denn, Sie nutzen sie zur Mediation, also der Sprachmittlung. Hierbei sind beide (Sprach-)Richtungen möglich:

Sprachermittlung per Untertitel

- Zeigen Sie den Schülern eine Szene, die Sie genauer unter die Lupe nehmen wollen. Stellen Sie den englischen Ton ab und blenden Sie die deutschen Untertitel ein. Lassen Sie dann die Schüler diese Untertitel mündlich ins Englische sprachmitteln. Zeigen Sie die Szene erneut, dieses Mal indes ohne Untertitel und mit englischem Ton. Besprechen Sie anschließend Überraschendes, Gelungenes und Schwierigkeiten.
- Zeigen Sie eine Szene mit englischem Ton und weisen Sie die Schüler an, deutsche Untertitel zu erstellen – gerne auch schriftlich. Gehen Sie in der abschließenden Besprechung wie oben vor.

Um die Ecke gedacht

Anspruchsvoll wird diese Übung, wenn Sie eine Szene mit Sprachwitz und Wortspielen aussuchen. Überdies können Schüler mit diesem Sprachmittlungsverfahren auch für Interkulturelles oder Kulturspezifika sensibilisiert werden.

Achtung!

Wenn Ihre Schüler wenig erfahren sind mit Sprachmittlung, dann ist es das Gebot der Stunde, ganz deutlich zu machen, dass keine Interlinearversionen oder Hochglanz-Übersetzungen gefordert werden. Sie können auch ganz einfach zeigen, was Sie wollen: Manche DVDs verfügen nämlich über Untertitel für Hörgeschädigte. Diese gehorchen üblicherweise Sprachmittlungsgesetzen und können zum Lernen am Modell gut eingesetzt werden.

Leitfragen für jeden Film kennen

43

Dieser Tipp eignet sich insbesondere für die Sekundarstufe II, wo häufiger ganze Spielfilme behandelt werden.
Sie kennen die Situation: Ihr Kurs bittet Sie, mal wieder einen Film zu besprechen – es seien doch immerhin die letzten Wochen vor den großen Ferien. Die Schüler wünschen sich einen Film, den Sie noch nie im Unterricht behandelt haben. Natürlich haben Sie nichts dagegen, doch nach so vielen arbeitsreichen Monaten, all den Klassenarbeiten und der Studienfahrt von vorletzter Woche gehen Sie auf dem Zahnfleisch. Und es ist keine Schande, dass Sie zu diesem Zeitpunkt nicht die Kraft haben, für einen neuen Film eine Unterrichtsreihe zu entwerfen. Deshalb greifen Sie in die Trickkiste und füllen die Stunden über den Film wie folgt:

- 1. Stunde: Erläuterung des Vorgehens; Verteilen der Beobachtungsaufträge; Vorführen des ersten Filmdrittels
- 2. und 3. Stunde: Vorführen der beiden letzten Filmdrittel; Besprechen der Beobachtungen in den Kleingruppen
- 4. und 5. Stunde: Besprechen der Beobachtungen in den Kleingruppen und Aussuchen von Szenen oder Standbildern, die die eigenen Beobachtungen belegen; Vorbereiten eines etwa zehnminütigen Vortrags zum Beobachtungsschwerpunkt innerhalb der Gruppen
- 6., 7. und 8. Stunde: Vorträge der Kleingruppen
- 9. Stunde: Feedback durch Lerngruppe und Lehrer.

Dieses Vorgehen ist bislang gängig und entlastet Sie schon gehörig in den Stunden 2 bis 9. Wenn Sie jetzt noch Beobachtungsaufträge kennen, die übertragbar sind und zu jedem Film passen, gehen Sie sogar in die erste Stunde vollkommen unbeschwert. Solche Sehaufträge sind:

Diese Leitfragen eignen sich für die meisten Filme

- *Visualise the plot of the movie.*
- *Analyse the constellation of the cast and visualise your findings.*
- *Analyse the representation of the epoch as shown in the movie.*
- *Analyse the setting and its impact on the overall atmosphere.*

- *Analyse the language of the film. Focus on music and sounds.*
- *Analyse the language of the film. Focus on camerawork and editing.*

›Tipp 68

Sie merken, dass diese Liste Differenzierungsoptionen enthält (Tipp 68), da die Sehaufträge von einfach nach schwer angeordnet sind.
Es gibt auch sehr lohnende Beobachtungsaufträge, die sich nicht für jeden Film eignen:

- *Analyse the relationship between men and women as shown in the movie.*
- *Analyse the core values of the world shown in the film. Compare it to our core values.*
- *Analyse the role of beauty/money/knowledge in the movie.*

Wenn Ihnen das zu hölzern erscheint und Sie genügend Zeit zur Verfügung haben, können Sie noch ein, zwei eigene Beobachtungsaufträge vergeben, die auf den zu behandelten Film zugeschnitten sind.

44 Mit (unbewegten) Bildern arbeiten

Wer häufig fremden Unterricht beobachtet, weiß, dass Bildeinstiege sehr beliebt sind. Offensichtlich haftet der Einstiegsfolie oder dem Einstiegscartoon eine Art Qualitätsversprechen an: Wer eine Stunde so eröffnet, hat den richtigen Weg eingeschlagen. Und das ist auch sicherlich nicht falsch. Allerdings weiß der erfahrene Unterrichtsbeobachter, dass die Arbeit mit unbewegten Bildern durchaus ihre Tücken hat. Es gibt nämlich Stolpersteine, die Sie als Lehrer besser umgehen sollten.

Bilder mit Deutungsspielraum wählen

So zeichnen sich viele der ausgesuchten Bilder durch eine Eindeutigkeit aus, die keinerlei Deutungsspielraum zulässt. Anders gesagt: Man sieht sofort, was man sehen soll, und sonst eben nichts. So legt ein Student im Praktikum beim Thema Australien eine Folie auf, die Uluru im Sonnenuntergang zeigt, und wundert sich, dass sein Impuls – *describe the picture* – nur wenige Beiträge nach sich zieht. Was soll aber auch bei einem dergestalt eindeutigen Bild beschrieben werden? Denken Sie zum Vergleich nur einmal an die fruchtbaren Unterrichtsgespräche, die Sie über Buchcover, Standbilder oder Filmplakate geführt haben – hierfür zeichnete gerade auch deren Vielschichtigkeit und Mehrdeutigkeit verantwortlich.

Abwechslungsreich und natürlich vorgehen

Ein weiterer Stolperstein ist das abwechslungsarme Vorgehen bei der Bildbehandlung. Viele pädagogische Ratgeber empfehlen, dass Bilder zunächst beschrieben, dann erst gedeutet werden sollen. Und auch dieses Vorgehen ist zunächst einmal nicht falsch. Allerdings hat das Aufsparen kluger Beobachtungen auch etwas Unnatürliches an sich – und entsprechend häufig halten sich die Lernenden nicht an die künstliche Trennung von Beschreiben und Deuten. Es muss also nicht immer die Impulsabfolge von *describe* und *analyse* sein.

Dies leitet über zu einem dritten Stolperstein: der Abwesenheit der Fantasie bei der gängigen Bildbeschreibung. Weder das eindeutige Bild, noch die oben dargestellte Annäherungsweise regen in irgendeiner Weise zur kreativen Auseinandersetzung an. Wie kann man aber fantasievoll mit Bildern umgehen? Hier einige Vorschläge:

Die Fantasie der Schüler anregen

- Zeigen Sie nur einen Ausschnitt des Bildes, indem Sie einen Teil Ihrer Folie abdecken. Lassen Sie Vermutungen anstellen, was sich hinter der Abdeckung befindet.
- Lassen Sie die Schüler, sofern Menschen auf den Bildern zu sehen sind, Sprechblasen schreiben (*what they are saying*) und – wenn passend – Denkblasen (*what they are thinking*).
- Setzen Sie auf *Écriture automatique*: Nehmen Sie das Bild als Schreibimpuls und lassen Sie die Schüler für drei Minuten ununterbrochen zu dem Bild schreiben. (Wem nichts einfällt, der malt Kreise, bis die nächste Idee kommt.)
- Geben Sie dem Bild drei Titel und lassen Sie die Schüler besprechen, welcher der beste ist.

Den Schülern Bedenkzeit zugestehen

45

Kein Tipp ist so wirkungsmächtig wie dieser. Und keiner so bestechend einfach.

Der Volksmund weiß: Gut Ding will Weile haben – aber wir Englischlehrer vergessen dies zuweilen. Ein Beispiel: Die Schüler der achten Klasse haben gerade einen Kurzfilm gesehen. Dieser wurde umsichtig vorbereitet, und mit kreativen Verfahren ließ sich ein belastbares Erstverständnis erzielen (Tipps 40– 43). Deshalb fragt der Lehrer gleich nach dem Abspann ganz folgerichtig und vorbildlich offen nach einer ersten Einschätzung des Films: *Did you like the movie?* Allerdings erhält er keine Antwort. Schnell lenkt er daher das Gespräch in enger gefasste Bahnen: *Do you think that the main actress was a good choice?* Doch auch hier macht sich Schweigen breit. Zügig leitet der zunehmend verzweifelte Lehrer das Gespräch in eine ganz andere Richtung: *Why don't you answer my questions – is there anything you don't understand? Can I help you?*

› Tipp 40–43

Was übersieht der Lehrer in dem erfundenen Beispiel? Im Eifer des Gefechts vergisst er, dass Menschen für schwierige Fragen etwas Zeit benötigen. Und dies gilt bereits für Fragen, die man in der Muttersprache beantworten soll. Um wie viel schwieriger ist dies aber in einer Fremdsprache, die man noch nicht vollständig beherrscht! Hier ist deshalb grundsätzlich mehr Bedenkzeit erforderlich als beim Gespräch in der Muttersprache.

Diese Bedenkzeit oder *silent phase* wird den Schülern im beschriebenen Beispiel nicht zugestanden (Tipp 24). Der Lehrer spricht nämlich mit insgesamt fünf Fragen fünf verschiedene Bereiche an: Wirkung des Films, Besetzung des Films, Gesprächsverhalten der Schüler, Verständnisschwierigkeiten der Schüler, Hilfestellung durch den Lehrer. Alle drei Seiten des didaktischen Dreiecks werden also schnell hintereinander abgefragt. Die Schüler haben nicht die Zeit, um sich auf entsprechende Antworten vorzubereiten, weil das Fragependel unablässig in eine andere Richtung ausschlägt.

› Tipp 24

Wie lassen sich Bedenkzeiten einbauen? Hier einige bewährte Rezepte:

- Zählen Sie nach einer mittelschweren Frage innerlich bis fünf, bevor Sie einen Schüler aufrufen.
- Nachdem Sie eine schwierige Frage gestellt haben, erledigen Sie den Klassenbucheintrag für diese Stunde.
- Kündigen Sie an, dass eine anspruchsvolle Frage folgt und deshalb Bedenkzeit zur Verfügung gestellt wird. Vertrösten Sie Schüler, die sofort eine Antwort geben wollen (*Share your ideas with us in a minute!*).
- Geben Sie eine knifflige Frage bekannt und erklären Sie, dass diese erst später besprochen werden wird. Wenden Sie sich dann zunächst einfacheren Bereichen zu.
- Geben Sie Leitfragen beziehungsweise Beobachtungsschwerpunkte vor der Behandlung eines Textes oder Films bekannt.

Mehr aus Schülern herauskitzeln 46

Manche Kleinkinder haben zuweilen ein größeres Geschick, Menschen zum freien Sprechen zu bewegen, als einige ausgebildete Lehrer. Wie folgender beispielhafter Dialog zeigt, bedienen sie sich zwei einfacher, aber hochwirksamer Tricks.

Vater: Markus, du musst jetzt aber mal so langsam ins Bett.
Markus: (neugierig) Warum?
Vater: Aber Schatz, das weißt du doch. Du musst schlafen, damit du morgen wieder erholt in den Kindergarten gehen kannst.
Markus: (mit großen Augen) Was ist „erholt“?
Vater: Na, das bedeutet, dass du nicht mehr müde bist. Du hast geschlafen und dein Körper hat dann wieder viiiieeeel Kraft. Und die brauchst du zum Spielen, oder?
Markus: (wenig überzeugt) Warum?
Vater: Ja, Schatz, ohne Kraft kannst du deine Arme nicht bewegen, und Laufen fällt dir schwer. Das ist so, als ob wir

aus deinem Kassettenrekorder die Batterie nehmen. Dann spielt der auch keine Musik mehr. Ohne Kraft bist du müde und …

Mit minimalem Input maximalen Output erreichen

Sie haben es gemerkt: Markus zeigt das Gesprächsverhalten eines großen Pädagogen. Denn es gelingt ihm, seinem Gegenüber mit sehr kurzen Fragen lange Antworten zu entlocken. Das erinnert an die hehre Zielsetzung zeitgemäßen Fremdsprachenunterrichts, wonach der Lehrer einen geringeren Sprachumsatz als die Lerner haben sollte.

Wenn Sie genau hinschauen, werden Sie die zwei Tricks erkennen, mit denen Markus „arbeitet". Er stellt mehrmals die Frage „Warum?" und er zeigt nonverbal echtes Interesse an der Antwort seines Gegenübers.

Mit leichten Abwandlungen lassen sich die beiden Tricks auf den Englischunterricht übertragen. So gilt auch für Lehrerkommentare zu Schülerbeiträgen: Weniger ist oftmals mehr. Natürlich können Sie einem Schüler, der soeben etwas Zweifelhaftes gesagt hat, entgegnen: *OK, interesting point. Now your first idea is perfectly clear to me. But do you really believe that we should …?* Wenn Sie Pech haben, antwortet der Schüler einsilbig mit *No*. Die Redeanteile sind dann sehr ungünstig verteilt.

Wenn Sie hingegen die Kleinkind-Strategie anwenden, kommentieren Sie den zweifelhaften Schülerbeitrag mit: *Hhm. Explain!* und spielen mit interessiertem Gesicht den Ball an den Schüler zurück. Die Erfahrung zeigt, dass ein Schüler, der tatsächlich etwas zu sagen hat, dann auch mit einer umfänglicheren Erklärung beginnt. Die Redeanteile sind jetzt günstig verteilt, und mit dem Trick eines Kleinkinds haben Sie mehr aus Ihrem Schüler herausgekitzelt.

Gleich mal ausprobieren

Als geeignete Impulse stehen zur Auswahl: *explain, elaborate, continue, paraphrase*. Sehr günstig ist es auch, ein Ritual einzuführen: Sagen Sie Ihren Schülern, dass eine verabredete Handbewegung Ihrerseits einer Aufforderung zum genaueren Erklären gleichkommt. Damit können Sie Ihre Redeanteile noch weiter zurückfahren.

Meldeketten einüben (1)

47

Eine wichtige Zielsetzung des Englischunterrichts ist es, die Lerngruppe zum Sprechen zu bringen. Im Alltag sieht dies gelegentlich so aus, dass Lehrer und Schüler eine Art Pingpongspiel miteinander spielen: Auf Lehrerfrage folgt Schülerantwort, und eine neue Frage zieht eine neue Antwort nach sich. Der Lehrer ist dabei eine Relaisstation, über die alle Funksignale laufen.

An ausgesuchten Stellen können Sie dieses Muster sehr leicht aufbrechen, indem Sie die Schüler bitten, sich gegenseitig aufzurufen. Mehrere Schülerantworten folgen dann aufeinander, und solange ein Beitrag richtig ist, brauchen Sie gar nichts anzumerken.

Meldeketten (Tipp 48) eignen sich:

› Tipp 48

- beim Besprechen einer grammatischen Hausaufgabe, bei der richtige Zeitformen des Verbs eingesetzt werden mussten.
- bei Fragen, die listenartige Antworten zulassen (*How many Irish cities do you know?*)
- bei Fragen, die eine kurze Stellungnahme einfordern (*What is your favourite dish?*)

Achtung!

Achten Sie bei sehr jungen Lernern darauf, dass die Jungen nicht nur Jungen und die Mädchen nicht nur Mädchen aufrufen.

Meldeketten einüben (2)

48

Gerade bei älteren Schülern ist oftmals eine Abwandlung der Meldekette günstig.

Folgende Situation: Sie haben in Ihrem Elferkurs eine vergleichsweise offene Frage gestellt – *Do you like the poem?* – und nach einer kurzen Bedenkzeit (Tipp 45) melden sich

› Tipp 45

vier Schüler zu Wort. Nun bieten sich zwei Verfahrensweisen an: Sie erteilen dem ersten Schüler das Wort, hören zu und geben eine Rückmeldung zu dem Beitrag. Diesen Vorgang wiederholen Sie insgesamt vier Mal. Die zweite Möglichkeit besteht darin, die Schüler zu bitten, nacheinander ihre Beiträge vorzustellen, wobei entweder Sie die Reihenfolge vorgeben oder die Schüler selbst bestimmen, wer jeweils als Nächster dran ist. Sie als Lehrer geben erst am Ende eine zusammenfassende Rückmeldung.

Mit Meldeketten das Pingpongspiel umgehen

Der Vorteil dieser abgewandelten Meldekette liegt auf der Hand: Es findet kein Frage-Pingpong statt. Sie eignet sich allerdings nur, wenn bestimmte Voraussetzungen erfüllt sind:

- Die Fragen dürfen nicht geschlossen sein, weil ansonsten für die Schüler am Ende der Meldekette keine Antwortmöglichkeit bleibt. (*What is the capital of South Africa?*)
- Die Fragen sollten keine unüberschaubare, also allzu lange Antwort nach sich ziehen. (*What happens in your favourite film and why do you like it so much?*)

49 Zurückhaltende Schüler einbinden

Es gibt sie in jeder Klasse und in jedem Kurs: die Schweigenden, Zurückhaltenden und Stillen. Mit ihnen ein englisches Gespräch zu führen – ein Ding der Unmöglichkeit.

Hier lohnt es sich zunächst, genauer hinzuschauen und zu prüfen, was die Ursache des Schweigens ist. So können bei introvertierten Schülern die Vorbehalte gegenüber des Sich-in-den-Mittelpunkt-Stellens so groß sein, dass ihre Natur gleichsam das Schweigen gebietet. Diesen Schülern sollten Sie immer wieder auch die Möglichkeit geben, schriftliche Beiträge einzureichen. Fordern Sie bei ihnen Mündlichkeit überwiegend beim Partnersprechen oder in einer sehr kleinen Gruppe ein.

Es gibt aber auch die Schüler, die sich beim Unterrichtsgespräch zurückhalten, weil sie auf eine englische Frage nicht schnell genug eine englische Antwort über die Lippen bringen. Diesen Schülern können Sie helfen, indem Sie die Bedenkzeit (Tipp 45) entsprechend anpassen.

- Sie lassen zu einer Aufgabe Notizen anfertigen. Während die Lerngruppe still arbeitet, gehen Sie zu einem zurückhaltenden Schüler und sagen: *In three minutes, I will ask you to talk about this, ok?*
- Nachdem Sie eine Hausaufgabe gestellt haben, sagen Sie einem sehr ruhigen Schüler, dass er in der Folgestunde seine Hausaufgabe vorstellen möge.
- Ihre Schüler sollen ein Arbeitsblatt ausfüllen. Einer schweigsamen Schülerin geben Sie den Hinweis, dass sie die dritte Aufgabe auf dem Blatt vorzustellen haben wird.
- Die Schüler lesen zur Wiederholung still den szenischen Lehrwerkstext aus der Vorstunde (Tipp 23). Sie flüstern dem zurückhaltenden Jungen aus der zweiten Reihe zu, welche Rolle er beim anschließenden lauten Vorlesen übernehmen wird.

› Tipp 45
Vier Varianten eines wirksamen Tricks

› Tipp 23

Um die Ecke gedacht

Durch diese sehr einfachen Kniffe stellen Sie den ruhigen Schülern die Vorbereitungszeit zur Verfügung, die sie zum Sprechen in der fremden Sprache benötigen. Probieren Sie es aus: Ihre Schüler werden es Ihnen danken!

DIE METHODE STEPPING STONE ANWENDEN

50

Einsatzgebiet von *stepping stone*

Mit diesem Verfahren können Sie ab Ende der Sekundarstufe I anspruchsvollere Unterrichtsgespräche wirksam vorentlasten und dadurch den Gesamtertrag merklich anheben. Die Methode *stepping stone* eignet sich bei Gesprächsgegenständen, die sich in Unterbereiche auffächern lassen. Ihre Aufgabe ist es sodann, eine zum Gegenstand passende Visualisierung zu erstellen und mit ausreichend viel Platz auf eine Kopiervorlage zu drucken. Hier ein Beispiel:

Edgar Allan Poe (1809–1849),
The Cask of Amontillado (1846)

Dear student, your homework was to read Poe's short story. Today, we want to focus on the character of Fortunato. To ensure positive class dynamics, you will now have the time to scan the story and to jot down notes on Fortunator's character.

The character of Fortunato

looks

-
-
-
-
-
-

strength(s)

-
-
-
-
-
-

weakness(es)

-
-
-
-
-
-

Das sehr große Stundenthema – der Charakter Fortunatos – wird also in kleine Häppchen aufgeteilt. Dies ist ein erstes Entgegenkommen für schwächere Schüler. Außerdem wird den Lernenden nun ausreichend Zeit gegeben, um das Blatt auszufüllen. Bekanntlich sind solche Bedenkzeiten äußerst wertvoll (Tipp 45, 49).

› Tipp 45, 49

Haben die Schüler ihr Papier mit Stichworten gefüllt, wird es kein Problem sein, ein ertragreiches Unterrichtsgespäch über diesen vielschichtigen Gesichtspunkt zu führen. Ihren Schülern geht dies leicht von der Hand, weil sie sich in geordneter Form und mit entsprechender Bedenkzeit auf die Fragestellung vorbereiten konnten. Und Ihnen bereitet das Moderieren keine Schwierigkeiten, weil auch Sie die Untergliederung des Themas verinnerlicht haben: Sie werden inhaltlich weniger hin und her springen und mit höherer Zielorientierung das Gespräch lenken.

Gleich mal ausprobieren

Auch Differenzieren ist mit der Methode *stepping stone* einfach. Nehmen wir an, Sie hätten zu einer Stunde über Fortunatos Charakter die hier abgedruckte Kopiervorlage erstellt. Ihre zehnte Klasse zählt 28 Schüler, von denen drei außerordentlich erfreuliche Leistungen zeigen. Vervielfältigen Sie daher die Vorlage 25-mal, löschen Sie dann auf Ihrer Vorlage mit Korrekturflüssigkeit die Oberbegriffe der Kästchen – *looks, strength(s), weakness(es)* – und kopieren das nun leere Papier für Ihre drei sehr guten Schüler. Diese erhalten die zusätzliche Forderaufgabe, Kategorien für die Charakterisierung zu finden und inhaltlich zu füllen.

51 Mehr Vier-Augen-Gespräche zulassen

Auch wenn Sie ein gutes Händchen für ertragreiche Unterrichtsgespräche haben: Es wird Ihnen nicht gelingen, in einer Klasse mit 28 Schülern immerzu alle zum Reden zu bringen. Dies liegt an vielerlei – an den Fleißigen, die sich zu jeder Frage melden und auch aufgerufen werden müssen, an den Langsamen, die viel Zeit benötigen, um einen englischen Satz auszusprechen, und natürlich auch an den Gesprächigen, die gerne lange Antworten geben.

Das Vier-Augen-Gespräch ist ein wirksames Mittel, um allen Schülern einer Lerngruppe zum Sprechen zu verhelfen. Überführen Sie daher immer wieder, insbesondere aber in großen Lerngruppen, die Frage in eine kurze Partnerarbeit: *Why don't you have a quick chat with your partner about that question?* Die Vorteile liegen auf der Hand:

- Alle sprechen Englisch.
- Alle sind aktiviert.
- Alle durchdenken die soeben aufgeworfene Frage.
- Sie können kurz durchatmen und sich das weitere Vorgehen überlegen.

Gerade der letzte Gesichtspunkt ist nicht zu verachten …

Spickzettel anfertigen lassen

52

› Tipp 50

Ähnlich wie die Methode *stepping stone* (Tipp 50) regt auch der Spickzettel nach Heinz Klippert besonders gut zum Sprechen an. Der Unterschied aber besteht darin, dass beim Spickzettel das Visualisierungsgerüst durch die Lernenden individuell erstellt wird – und genau hierin liegt die große Nachhaltigkeit begründet, die mit dem Spickzettel einhergeht.

Ein Beispiel: Sie lassen Ihre achte Klasse die kurze Geschichte am Ende des Kapitels lesen. Anstatt wie üblich eine schriftliche Zusammenfassung einzufordern, schreiben Sie an die Tafel:

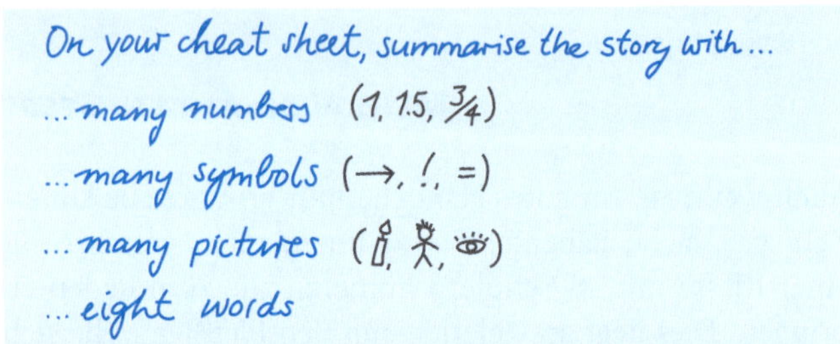

Nun werden manche Schüler erstaunt sein über die vermeintlich esoterische Aufgabenstellung. Andere werden sogleich nachfragen, ob eine Abkürzung als ein Wort zählt. Manche wiederum geben empört zu bedenken, dass das Ganze mit nur acht Wörtern kaum zu bewerkstelligen sei. Geduldig hören Sie sich die Bemerkungen an und beantworten alle Fragen. Danach werden sich die Schüler ans Werk machen – und Sie werden sehen, dass der Spickzettel für Lernspaß und geschäftige Ruhe im Klassenzimmer sorgt. Weisen Sie abschließend die Lernenden an, die auf dem Spickzettel visualisierte Geschichte mündlich wiederzugeben – gerne auch zuerst in einem Vier-Augen-Gespräch (Tipp 51). Spätestens jetzt werden Ihnen die Vorzüge des Spickzettels klar:

› Tipp 51

Drei große Vorzüge

- hohe Verarbeitungsintensität, vermutlich aufgrund der durchgängigen Aktivierung beider Gehirnhälften

- hoher authentischer Sprachumsatz aufgrund der Unmöglichkeit des Ablesens
- hoher Behaltensgrad aufgrund der individuellen und bildgesteuerten Wissenskonstruktion

Um die Ecke gedacht

Der Spickzettel eignet sich für Erzähltexte genauso gut wie für Zeitungstexte. Manche schwierigen Sachverhalte, wie zum Beispiel das amerikanische Schulwesen, lassen sich sogar besser mit einem Spickzettel sichern als mit einem Tafelanschrieb.

53 Eine chat show durchführen lassen

Immer wieder stößt man im Englischunterricht auf streitbare Themen wie beispielsweise Schuluniform, Todesstrafe oder Gleichberechtigung. Die Fachdidaktik hat sich hierzu einiges einfallen lassen. So kann der Lehrer diskutieren, debattieren, Essays verfassen und Reden inszenieren lassen.
Eine weitere Möglichkeit, sich im Unterricht mit Streitbarem auseinanderzusetzen und dabei das freie Sprechen zu üben, ist ein Rollenspiel in Form der *chat show*. Sie eignet sich etwa ab Klasse neun; eine Doppelstunde sollten Sie sich dafür Zeit nehmen.

Etwa ab Klasse 9 durchführbar

Stünde beispielsweise die Frage *Should German pupils wear school uniforms?* auf dem Plan, könnten Sie folgendermaßen vorgehen:

- Teilen Sie das Klassenzimmer in fünf Bereiche ein, indem Sie beispielsweise die Tische so zusammenstellen, dass fünf Inseln entstehen.
- Informieren Sie die Klasse, welche Rolle der späteren *chat show* in welchem Bereich vorbereitet wird. Beim Thema *school uniforms* würden benötigt: *host, guest 1, guest 2 (both in favour of school uniforms), guest 3, guest 4 (both against school uniforms).*

Tipp 70

- Lassen Sie die Schüler nach Neigung (Tipp 70) aussuchen, welche Rolle sie vorbereiten wollen, und weisen Sie sie hierfür an, sich entsprechend im Klassenzimmer zu verteilen.
- Lassen Sie die Schüler nun innerhalb ihrer Rollengruppen Argumente für den eigenen Standpunkt finden. Erlauben Sie Spickzettel (Tipp 52).

Tipp 52

Die Rolle des *host* ist anspruchsvoll

- Der Rolle des *host* kommt besondere Bedeutung zu: Hierfür müssen die Schüler Fragen entwickeln und sich einen Plan zurechtlegen, um alle Gäste sinnvoll in das Gespräch einzubinden. Ferner wollen die Eröffnung und, was schwieriger ist, der Abschluss der *chat show* wohlüberlegt sein.
- Losen Sie aus jeder Gruppe einen Schüler für die Aufführung der *chat show* aus, sodass nun ein *host* und vier Gäste die Bühne betreten können.
- Erläutern Sie, dass die übrigen Schüler die Zuschauer der nun folgenden *chat show* darstellen. Der *host* darf, wenn er dies für richtig hält, Fragen des Anwesenden an die Teilnehmer der *chat show* zulassen.
- Verabreden Sie vorsorglich mit dem *host* ein (Hand-)Zeichen, sodass Sie ihm mitteilen können, wann die Gesprächsrunde beendet werden kann.
- Lassen Sie die *chat show* aufführen.
- Werten Sie anschließend im Unterrichtsgespräch die Aufführung aus.

Achtung!

Die meisten Schüler verpulvern all ihre Argumente, sobald sie erstmals vom *host* aufgerufen werden. Anschließend sind sie nur noch in der Lage, das Gesagte zu wiederholen. Weisen Sie Ihre Schüler vorab auf diesen häufigen Fehler hin.

Den reading club ins Leben rufen

54

In Ihrem Englischkurs der elften Klasse steht ein zeitgenössischer Roman auf dem Plan. Der Roman, der von den Lernenden kapitelweise erarbeitet wird, gliedert sich in drei Teile. Der erste Teil des Romans wird klassisch unterrichtet, also mit handlungs- und produktionsorientierten Verfahren (Tipp 31, 32).

› Tipp 31, 32

Nachdem der erste Teil des Romans abgeschlossen ist, erläutern Sie dem Kurs das als *reading club* bezeichnete folgende Arrangement für den zweiten Teil:

Vorgehen beim *reading club*

Die Lernenden arbeiten etwas mehr als eine Woche lang in allen Englischstunden in ihrer zufällig ausgewählten Vierergruppe zusammen. Innerhalb einer jeden Vierergruppe werden zwei Lerntandems gebildet. Jedes Tandem ist für jeweils zwei Kapitel des zweiten Teils des Romans zuständig. Zuständigkeit bedeutet hier: Die Kapitel, für die ein Tandem verantwortlich zeichnet, studiert es so, dass es ein jeweils halbstündiges Gespräch innerhalb der Vierergruppe moderieren kann. Anders gesagt: Zuständigkeit bedeutet, der unterrichtende Lehrer für dieses Kapitel zu sein. Hierfür ist es notwendig, Leitfragen unterschiedlicher Fragearten mit dem Tandempartner zu entwickeln und zu verschriftlichen (Tipp 92). Dies geschieht in häuslicher Vorbereitung. Wonach genau gefragt wird – darüber entscheiden die Lernpartner ganz nach ihren eigenen Interessen (Tipp 70). In der Stunde moderieren die beiden das Gespräch, indem sie die zunächst inhaltlich orientierten Fragen zum Kapitel an die zwei übrigen Mitglieder der Gruppe stellen. Dies ist möglich, da die Hausaufgabe der anderen, nicht zuständigen Gruppenmitglieder darin besteht, das jeweils anstehende Kapitel zu lesen. Sodann geben die Lernpartner Impulse zur Interpretation des Kapitels beziehungsweise zur vertiefenden Diskussion. Schließlich sind sie auch verantwortlich dafür, dass nach etwa dreißig Minuten eine Sicherung der Gesprächsergebnisse vorgenommen wird.

› Tipp 92

› Tipp 70

In einer 45-minütigen Stunde wird auf diese Weise ein Kapitel besprochen.

Lehrer ist *guide by the side*

Der eigentliche Lehrer schlüpft in die Rolle des *guide by the side*. Bei der Besprechung des dritten und letzten Romanteils übernimmt er allerdings wieder die Rolle des Lehrers.
Wenn die Lerngruppe sich für den *reading club* empfänglich zeigt, dann gibt es wirklich nur wenige andere Lernarrangements, die das freie Sprechen und die Lektüreintensität so sehr beflügeln.

Achtung!

Sie haben es gemerkt: Beim *reading club* handelt es sich um ein offenes Lernarrangement, das eine entsprechend umsichtige Begleitung durch den Lehrer nötig macht. Es ist frühestens ab Klasse zehn einsetzbar.

55 Das Erzählen fördern

Es gibt auch heutzutage immer noch Märchenerzähler: Menschen, die das mündliche Erzählen zu ihrem Beruf erhoben haben. Zum Märchenerzähler kann man sich in Deutschland sogar in mehreren Erzählerakademien fortbilden lassen, und der Blick in den Online-Kalender mancher Märchenerzähler offenbart volle Auftragsbücher.
Keine Sorge. Dieser Tipp will Sie nicht dazu überreden, selbst eine Erzählerausbildung zu absolvieren. Es geht vielmehr darum, Ihnen aufzuzeigen, wie die Vorzüge des Erzählens häufiger für den Englischunterricht genutzt werden können.

Mit gutem Beispiel vorangehen

Natürlich ruft dies zunächst Sie, den Lehrer, auf den Plan. Wenn es etwas zu erzählen gibt – die Entdeckung Amerikas, die Ehen Heinrichs des VIII., die Kultur der Aborigines in Australien –, dann sollten Sie das auch tun. Gehen Sie mit gutem Beispiel voran und zeigen Sie dann, wie mit entsprechender Stimmführung und Körpersprache eine Geschichte wirkungsmächtig mit den Zuhörenden geteilt werden kann.

Wenn es um die Förderung des freien Sprechens geht, dann sind aber insbesondere die Schüler gefragt. Warum müssen, so darf man ketzerisch fragen, Referate im Fach Englisch stets sachorientiert sein? Warum nicht einmal eine Vortragsreihe durchführen, die erzählorientiert ist (*My favourite story, My favourite joke*)?
Mit entsprechender Übung und entsprechenden Stützangeboten wie dem Spickzettel (Tipp 52) lassen sich so sehr schöne Stunden erleben. Und wenn kleinere Erzählungen in Vier-Augen-Gespräche überführt werden (Tipp 51), dann übt sich die gesamte Lerngruppe im freien Erzählen kurzweiliger Inhalte.

› Tipp 52

› Tipp 51

Eine Abwandlung dieses Tipps kann darin bestehen, eine Vorlesestunde durchzuführen, bei der Schüler eine besondere schriftliche Hausaufgabe publikumswirksam vorlesen. Auch dies muss freilich zuvor geübt werden.

SOS-Tipp

Am Ende des ersten Schulhalbjahres, wenn die Klassenzimmer winterlich dunkel sind und Sie aufgrund des anstrengenden Zeugnisschreibens und der endlos langen Konferenzen kaum noch die Augen aufhalten können, ist ein Erzählprojekt, von den Lernenden eigenverantwortlich durchgeführt, eine willkommene Abwechslung für Ihre Klasse – und eine Wohltat für Sie.

SCAFFOLDING ANBIETEN 56

Scaffolding ist das A und O beim Schreiben englischer Texte in der Schule. Anhand eines Schreibauftrags für eine sechste Klasse soll dies verdeutlicht werden.
Scaffolding umfasst zweierlei:

Scaffolding als Stützangebot

- Stützangebote zum eindeutigen Verständnis einer Aufgabe.
- Stützangebote beim Bearbeiten der Aufgabe.

Das vermutlich beste *scaffolding* im ersten Sinn ist eine gut formulierte Schreibaufgabe. Sehr häufig sind operationalisierte Impulse eindeutiger als Fragen. Vergleichen Sie hierfür etwa *What is your favourite animal?* mit *Describe your favourite animal.* Die zumindest theoretisch mögliche Zwei-Wort-Antwort zur Frage (*My dog!*) ist beim operationalisierten Impuls nicht möglich.

Scaffolding bedeutet weiterhin, dass die Erwartungen des Lehrers deutlich werden. Auch hier ist der Operator genauer als die W-Frage. Denn mit *describe* wird dem Schüler ja mitgeteilt, dass eine Beschreibung von ihm erwartet wird. Die Frage hingegen lässt offen, ob genannt, beschrieben oder gar erörtert werden soll.

Auch der erwartete Textumfang kann im Sinne eines *scaffolding* angegeben werden: *Write five sentences or more*. Hierbei ist es günstig, mit Minimalanforderungen zu arbeiten

› Tipp 69 (Tipp 69).

Schließlich bietet ein gutes *scaffolding* auch denjenigen Schülern, denen zunächst nichts einzufallen scheint, ein, zwei Denkanstöße. So könnte die Lehrkraft, um beim obigen Beispiel zu bleiben, darauf hinweisen, dass eigene *pets* natürlich auch zu den *animals* gehören.

Nun zum *scaffolding* beim Bearbeiten eines Schreibauftrags. Im Fremdsprachenunterricht sind die Schwierigkeiten beim Schreiben insbesondere lexikalischer Natur. Dem können Sie freilich nur Herr werden, wenn Sie die für die Antwort nötigen Wörter und Wendungen zur Verfügung stellen. Sie haben richtig gelesen: Wörter und Wendungen. Es geht also nicht nur darum, englische Begriffe wie *paw*, *fur* oder *muzzle* anzubieten. Wendungen wie *It has a … oder Its … is/are very …* oder *Its favourite food is …* geben zum Teil idiomatische Hilfen und sind geeignet, die Schülerantwort vorzustrukturieren.

Auf dem rechts abgedruckten Arbeitsblatt sind alle genannten *scaffolding*-Maßnahmen beherzigt worden:

- Klarheit der Aufgabenstellung und der Erwartungen
- Denkanstöße
- sprachliche Stützen

Pets are animals, too!

Describe your favourite animal. Write five sentences or more.

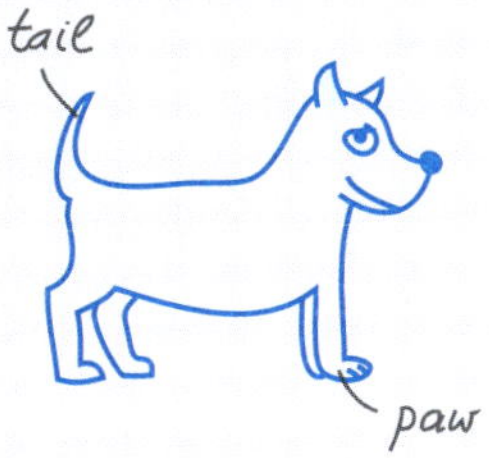

It has a ...
Its ... is/are ...
Its favourite food is/are ...
What it really loves is/are ...

57 Textskeletten Leben einhauchen

Mit jüngeren oder mit schwächeren Schülern können Sie gut mit Textskeletten arbeiten – auch dabei handelt es sich im Übrigen um *scaffolding* (Tipp 56). Hier ein Beispiel.

› Tipp 56

Use the given info and write a text about Rajinder Singh Rai. Write 100 words or more:
**14 Feb 1970, Coventry, England – parents from northern India – start rap music as young boy – rap in Panjabi – Indian music and Hip Hop – nickname "Panjabi MC" – sell CDs in Indian shops – 1998: international success "Mundian to bach ke" – Jay Z cover it – success in America*

Textskelette geben also das Grobgerüst einer noch fertigzustellenden Schreibaufgabe vor; dabei sind sie so gestaltet, dass sich der Lerner keine Gedanken mehr um Inhaltliches machen muss und sich stattdessen ganz um den eigenen schriftsprachlichen Ausdruck bemühen kann.

Um die Ecke gedacht

Schüler empfinden Textskelette als Entlastung – und Sie spüren Entlastung beim Korrigieren, weil das *scaffolding* sicherstellt, dass die Gliederung leserfreundlich ist.

Gleich mal ausprobieren

Eine ähnliche Übung für ältere Schüler kann darin bestehen, einen tabellarischen Lebenslauf einer bekannten Person (Gandhi, Rosa Parks, Nelson Mandela) in einen ausführlichen Lebenslauf umschreiben zu lassen.

58 Schreiben als Prozess verstehen

Und wieder erscheint uns das Genie, der Gestalter, der kraft seines Geistes dem Chaos der Natur den Kosmos seiner Schöpfung entgegenschleudert. In seiner edelsten Form ist dieser Gottmensch der Dichter: Er greift zur Feder und bannt in nur wenigen Augenblicken Verse von jenseitiger Vollkommenheit auf das Pergament. Und sogleich widmet sich sein fortwährend wirkender Geist einem neuen Gedicht, das soeben vollkommen vollendete ist ihm, dem Genie, kaum noch erinnerlich…

Alles Hokuspokus! Schreiben gehorcht leider anderen Gesetzen, sodass die Vorstellung von einem Text, der gleichsam in einem Rutsch niedergeschrieben wird und dann auch noch ansprechend und fehlerfrei ist, in den Bereich romantischer Wunschvorstellung gehört. Allerdings – und jetzt kommt endlich der Bezug zur Schule – sind viele Schüler dieser Wunschvorstellung auf den Leim gegangen. Denn einige von ihnen verhalten sich wie der romantische Dich-

ter: Ohne Vor- und Nachbereitung bringen sie sehr zügig ihre Texte zu Papier. Dies widerspricht jedoch der Prozesshaftigkeit des Schreibens.
Dieser Prozess besteht aus etwa fünf Phasen (Thaler 2012, S. 204):

Die fünf Phasen des Schreibens

- *Collecting* (Schreibauftrag studieren; Ideen und nützliche Lexik sammeln)
- *Planning* (Gliederung oder Visualisierung erstellen)
- *Drafting* (Verfassen des Erstentwurfs)
- *Rewriting* (Verfassen der verbesserten Version)
- *Presentation* (Abgabe oder Vortrag)

Insbesondere die Schritte 1, 2 und 4 sind nicht immer Teil des Schreibprozesses eines Schülers und müssen daher den Lernenden bewusst gemacht werden. (Im Fach Englisch sollten Sie sich nicht darauf verlassen, dass die Deutschlehrer das übernehmen.) Dies kann auch über eine zum Planen und Nachdenken auffordernde Aufgabenstellung erfolgen (Tipp 59).

› Tipp 59

Die folgende Aufstellung zeigt, mit welchen Verfahrensweisen die jeweiligen Prozessabschnitte beübt werden können:

- *Collecting*: Wortfeldarbeit (Tipp 7) › Tipp 7
- *Planning*: Sehtexte (Tipp 29); Denkaufgaben (Tipp 59) › Tipp 29, 59
- *Drafting*: Umgang mit dem Wörterbuch üben (Tipp 64) › Tipp 64
- *Rewriting*: Mit Checklisten arbeiten (Tipp 60) › Tipp 60
- *Presentation:* Vorlesestunden durchführen (Tipp 55) › Tipp 55

59 Denk- statt Schreibaufgaben stellen

Die gängigste Herangehensweise an Schreibaufgaben ist vermutlich folgende: Der Schüler liest die Arbeitsanweisung, zückt den Stift und legt los. Nichts widerspricht der Prozesshaftigkeit des Schreibens (Tipp 58) so sehr wie dies. Wir müssen die Lernenden daher ermuntern, zuerst zu denken und dann zu schreiben. Dies kann mithilfe geeigneter Denkaufgaben geschehen.

› Tipp 58

Denkaufgaben zeichnen sich nämlich dadurch aus, dass sie nicht sofort beantwortet werden können, sondern gründliches Nachdenken und genaues Planen voraussetzen. Schreibaufgaben hingegen verleiten dazu, unmittelbar bearbeitet zu werden und die nötige Denkleistung *on the go* zu erledigen.

Wir stellen zu häufig Schreibaufgaben

Ein Beispiel: Sie haben in Ihrer Neunten eine Ganzschrift gelesen und die letzte Klassenarbeit steht an. Ihre Schüler haben sich sorgfältig vorbereitet. Lautet die erste Frage der Arbeit *Give a summary of the book*, so werden die Schüler sofort mit der Niederschrift beginnen. Es handelt sich also um eine Schreibaufgabe. Lautet die erste Frage der Arbeit hingegen *Describe the two events of the book that lead to its catastrophe*, so sind selbst die Schüler mit guter Textkenntnis angehalten, aus der Fülle der Ereignisse zwei auszuwählen, die der Vorgabe entsprechen. Bekanntlich geht dem Auswählen immer das Abwägen voran, sodass es sich bei diesem Schreibauftrag um eine Denkaufgabe handelt.

Hier weitere Beispiele aus der Sekundarstufe II:

Schreibaufgabe	Denkaufgabe
Give a characterisation of Hamlet.	*Give a characterisation of Hamlet by focusing on his two greatest strengths and his two greatest weaknesses.*
Analyse the atmosphere in this scene.	*Explain the two key elements of the scene that contribute most significantly to its atmosphere.*
Evaluate "Hamlet": did you like it?	*Comment on the following review of "Hamlet" by explaining which of its hypothesis you support – and which you don't.*

Um die Ecke gedacht

Wenn Schüler ihre eigenen Texte vor dem Niederschreiben stärker durchdenken, werden diese zunehmend leserfreundlich und sehr häufig auch bündiger (Tipp 66).

› Tipp 66

60

Lehrer wissen: Manche Fehler kommen immer, selbst bei sehr weit fortgeschrittenen Lernern. Um einem Schüler, der gerade einen selbst verfassten Text überprüft, solche Fehler ins Bewusstsein zu rufen, ist eine Checkliste hilfreich. Diese kann von Ihnen oder aber von den Schülern selbst entworfen werden. In jedem Fall soll sie die gängigsten Fehler beim Verfassen eines Textes auflisten und auch auffordernd gestaltet sein, etwa mit abhakbaren Kästchen. Hier ein Beispiel für fortgeschrittene Lerner:

My checklist

Spelling

- ❑ *can't and cannot are written correctly*
- ❑ *I distinguished between **there** (dort), **their** (ihr; ihre; deren) and **they're** (sie sind)*
- ❑ *I distinguished between **then** (dann) und **than** (als)*
- ❑ ...

Grammar

- ❑ *I wrote he/she/it **does***
- ❑ *I wrote he/she/it **makes***
- ❑ *I used present perfect after special signal words (since, for, yet, never, ever...)*
- ❑ ...

Structure and Style

- ❑ *In every paragraph I used two or more conjunctions*
- ❑ *I used reader-friendly phrases like "my second argument is" or "to come to a conclusion"*
- ❑ *My conclusion is linked to my introduction*
- ❑ ...

Layout

- ❑ *Whenever I explained a new idea, I used a new paragraph.*
- ❑ *I avoided one-sentence paragraphs*
- ❑ *I left some space for teacher comments*
- ❑ ...

Achtung!

Wenn Sie eine solche Checkliste auch bei Klassen- und Kursarbeiten zulassen wollen, sollten Sie dies zunächst in der Fachschaft absprechen. Sonst könnten sich Lerngruppen, die bei einer Klassenarbeit nicht mit Checklisten arbeiten dürfen, benachteiligt fühlen.

61 Homework battle veranstalten

Im Lauf eines Schuljahres kann es durchaus sein, dass die Begeisterung schwindet, wenn der Lehrer eine umfänglichere schriftliche Hausaufgabe erteilt. In solchen Fällen greifen Sie in die pädagogische Trickkiste und kündigen an, dass in der Folgestunde die Hausaufgabe in Form eines *homework battle* besprochen werden wird.

Wenn es dann so weit ist, loben Sie einen Preis aus, etwa einen Hausaufgabendispens, und lassen Sie zunächst den jeweils besten Text innerhalb verschiedener Kleingruppen bestimmen. Die Kleingruppensieger treten anschließend gegeneinander an, indem sie der Reihe nach der Klasse ihre Texte vorlesen. Abschließend stimmen die Zuhörer in geheimer Wahl über den besten Text der gesamten Lerngruppe ab. Schreiben Sie hierfür die Namen der Vorlesenden auf den umgeklappten und nicht einsehbaren Flügel der Tafel. Bitten Sie jeden einzelnen Schüler nach vorne, damit dieser seine Stimme in Form eines Strichs hinter dem betreffenden Namen abgibt. Sie stimmen als Letzter ab, zählen die Striche, wischen alles weg – ein Schüler, der keine einzige Stimme erhalten hat, muss dies ja nicht öffentlich gezeigt bekommen – und überreichen dem Gewinner den Preis.

Um die Ecke gedacht

Obendrein hat der Wettbewerb, sofern in ihm die beste Hausaufgabe ermittelt wird, eine pädagogische Nebenwirkung: Der Belohnungsanreiz führt denjenigen, die die

Hausaufgaben vergessen haben, vor Augen, dass es einträglich ist, Aufgetragenes zu erledigen. Probieren Sie's aus: Kündigen Sie später beim Stellen einer Hausaufgabe erneut an, dass diese in Form eines *battle* überprüft wird – und kaum ein Schüler wird die Hausaufgabe vergessen

Mit zirkulierenden Zetteln arbeiten

62

Dass Feedback durch Peers motiviert, ist nicht nur beim *homework battle* (Tipp 61) erkennbar, sondern auch beim Einsatz der zirkulierenden Zettel. Zirkulierende Zettel eignen sich bei fortgeschrittenen Lerngruppen immer dann, wenn

› Tipp 61

- eine individuelle (Entscheidungs-)Frage im Raum steht (*Where would you like to live – in a city or in the country?*),
- eine knifflige Textstelle gedeutet werden muss (*What does the speaker in Shakespeare's sonnet mean by "thy eternal summer"?*) oder
- eine Lösung für ein Problem gesucht wird (*What could Piggy do in such a difficult situation?*).

Vorgehensweise beim Einsatz von zirkulierenden Zetteln

Solche Fragen werden häufig im Unterrichtsgespräch beantwortet. Sie können sie aber auch als Schreibanlass nehmen. Teilen Sie hierfür gelochte DIN-A5-Papiere aus und bitten Sie die Schüler darum, dass jeder seinen Namen auf den Zettel schreibt. Weisen Sie sodann die Lerngruppe an, die Frage, um die es geht, schriftlich auf dem Papier zu beantworten. Allerdings – das ist das Wichtigste – dürfen die Schüler hierfür nur die Vorderseite des Zettels benutzen. Das heißt: Sie müssen sich kurz fassen (Tipp 66)!

› Tipp 66

Nachdem die Schüler die Frage für sich beantwortet haben, sammeln Sie die Zettel ein und – verteilen sie wieder. Allerdings so, dass niemand die eigene Antwort auf die Frage, sondern die eines Mitschülers erhält. Jetzt muss die Rückseite des Papiers gefüllt werden, indem das beurteilt wird,

was der Mitschüler auf der Vorderseite geschrieben hat (*Write down what you think of your classmate's ideas!*). Sobald ein Schüler seinen Kommentar beendet hat, darf er den Zettel an den ursprünglichen Besitzer zurückgeben.
Bei den zirkulierenden Zetteln sind zwei Dinge zu beachten: Greifen Sie anschließend noch einmal die Frage im Unterrichtsgespräch auf, um wichtige Ergebnisse festzuhalten. So können Sie dem Eindruck entgegenwirken, dass es sich bei der Methode um ein belangloses Zwischenspiel handelt. (Deshalb müssen die Zettel auch gelocht sein: Das legt nahe, dass sie aufbewahrt werden sollen.) Geben Sie überdies wichtige Redemittel vor, die den Lernenden dabei helfen, einen anregenden Kommentar zu verfassen. Wie man höflich widerspricht und wie man Zustimmung ausdrückt – das sind zwei Bereiche, die für die zirkulierenden Zettel unbedingt nötig sind (Tipp 56).

› Tipp 56

63 Me-Texte verfassen lassen

Menschen interessieren sich für andere Menschen – aber insbesondere auch für sich selbst. Was moralphilosophisch anrüchig erscheinen mag, ist ein schreibdidaktischer Glücksfall. Der Blick auf sich selbst kann nämlich zum Verfassen genannter *me*-Texte beflügeln. In *me*-Texten schreibt der Verfasser beispielsweise über seine Vorlieben, Erlebnisse, Träume, Familie, Haustiere o. Ä.
Die Textsorte ist natürlich subjektiv eingefärbt und schon deshalb eine willkommene Abwechslung zu dem um Sachlichkeit bemühten *summary*. Das Wichtigste aber: *Me*-Texte kommen vor allem jungen Lernern entgegen und erweisen sich in Klasse fünf bis sieben als besonders fruchtbar.

Um die Ecke gedacht

Die große Beliebtheit sozialer Netzwerke rührt sicherlich auch daher, dass es sich bei der eigenen Profilseite letztlich um einen digitalen *me*-Text handelt.

Den Umgang mit Wörterbüchern üben

64

Nicht allen Schülern sind die Vorzüge eines guten Wörterbuchs klar. So wird häufig das zweisprachige Wörterbuch ausschließlich zum Nachschlagen unbekannter Vokabeln genutzt, während das einsprachige herangezogen wird, um die Schreibung eines schwierigen Wortes zu überprüfen.
Beides ist freilich legitim, und es ist besser, ein Wörterbuch für diese beiden Zwecke zu benutzen, als gar keines in die Hand zu nehmen.
Dass ein gutes Wörterbuch den Lernenden beim Schreiben helfen kann, muss ihnen durch entsprechende Übungen verdeutlicht werden. Dabei braucht das Rad nicht immer neu erfunden zu werden; ein Arbeitsblatt mit einfachen Beispielsätzen, bei denen die Lernenden die richtige Lösung unterstreichen sollen, kann schon ausreichen:

- *A rose is a symbol of/for beauty.*
- *He dreamt/dreamed about his home town.*
- *There is a big/stark contrast between the two cities.*
- *She was busily doing her English and German homeworks/homework.*
- *When applying for a job in America, you must hand in a resume/CV.*

Weisen Sie ruhig darauf hin, dass Präpositionen, unregelmäßige Verben, Kollokationen, Grammatik und Varietäten des Englischen mit dem Wörterbuch überprüft werden können.
Viele Wörterbücher verfügen zudem über einen Serviceteil, in dem *dos and dont's* wichtiger Textsorten anschaulich dargestellt und vielfach auch lexikalische Stützen (Tipp 56) angeboten werden.
Fortgeschrittene Lerner können einsprachige Wörterbücher auch zur Synonymsuche nutzen: Sehr häufig werden Synonyme mit einem Sigel versehen – weisen Sie Ihre Schüler darauf hin.

› Tipp 56

65 (Schreib-)Vorbild sein

Sprachlehrer sein bedeutet, auf sprachlich Falsches hinzuweisen: Das ist das falsche Tempus, die Vokabel ist unpassend, diese Präposition ist nicht richtig. *Error spotting* gehört leider dazu, und daran wird sich so schnell auch nichts ändern.

Es kann sogar vorkommen, dass ein Lehrer über mehrere Jahre hinweg eine Lerngruppe im Fach Englisch unterrichtet und dabei zahllose Fehler in geschriebenen Texten offenlegt – ohne ein eigenes Beispiel für einen gut geschriebenen ganzen Text zu geben. Um eines klarzustellen: Dies geschieht nicht, weil der Lehrer zu bequem oder zu unbegabt ist. Nein, dies geschieht vielmehr, weil im Schulalltag einfach an so ungemein vieles gedacht werden muss.

Die eigene Musterlösung besprechen

Die Wirkung, die von einer Musterlösung ausgeht, ist jedoch kaum zu unterschätzen. Endlich können die Schüler sehen, was genau der Lehrer unter einem im Hinblick auf Sprache, Stil und Gliederung gelungenen Text versteht. Gewiefte Schüler werden sich die sprachlichen Kniffe, die er anwendet, abgucken. Weniger Sprachbegabte werden versuchen, die Übersichtlichkeit nachzuahmen, die dem Aufsatz des Lehrers aufgrund der lesefreundlich gesetzten Absätze eigen ist. Setzen Sie dem Ganzen noch eine Krone auf, indem Sie nicht nur Ihre Musterlösung austeilen, sondern auch bearbeiten lassen. Zwingen Sie die Schüler mit geeigneten Arbeitsaufträgen, die Musterlösung mehrfach zu durchforsten, und stellen Sie dadurch sicher, dass die Lernenden erkennen, was einen guten Text ausmacht.

Hier einige Arbeitsaufträge zur Verdeutlichung:

- *Identify the different components of the text (transition, examples, intro, conclusion, explanations, arguments)*
- *Find three typical collocations (words that always go together, like guten + Tag, not *klasse + Tag) for "an important aspect"*
- *Find three idiomatic expressions*
- *Find examples for typical text vocabulary*
- *Underline all adverbs, check their context and learn those you don't know*

- *Underline all linking words and conjunctions. What strikes you?*
- *How many paragraphs are made, and how many are in your text?*
- *How does the author attract the reader's attention in the main part?*

Möglicherweise widerspricht das Preisen eines selbst verfassten Aufsatzes der eigenen akademischen Bescheidenheit. Bedenken Sie jedoch, dass Ihre Schüler an diesem maximalen *scaffolding* sehr viel lernen und entsprechend dankbar sein werden (Tipp 56).

› Tipp 56

BÜNDIGKEIT ZUM IDEAL ERKLÄREN

66

Schon Shakespeare wusste es: In der Kürze liegt die Würze (*Brevity is the soul of wit* [Hamlet, 2.2]). Schwadronieren ist demnach fade. Warum bloß, so wundern vielleicht auch Sie sich hin und wieder, hat sich das unter Schülern noch nicht herumgesprochen? Wer die Gespräche mitbekommt, die Schüler nach dem Verfassen eines Aufsatzes führen, stellt nämlich fest, dass eine Frage dabei immer wieder auftaucht: „Wie viel hast du geschrieben?" Die Menge des Geschriebenen erscheint den Lernenden demnach als ein wesentliches Gütemerkmal. Dem ist aber nicht so, und wir Lehrer müssen dafür sorgen, dass dieser Irrglaube, den wir vielleicht sogar selbst ins Leben gerufen haben, gar nicht erst entsteht. Wie lässt sich dies bewerkstelligen?

- Als Sie Ihre Musterlösung (Tipp 65) austeilen, besticht diese durch ihre Kürze, und genau dies sprechen Sie als Erstes an.
- Tims Hausaufgabe ist kurz und knackig – hierfür loben Sie ihn *coram publico*.
- Immer wieder weisen Sie auf die Bündigkeit Ihrer Tafelbilder und Ihrer Arbeitsblätter hin.
- Ihre Elternbriefe sind prägnant.

› Tipp 65

Bei der Herausgabe der Klassenarbeit würdigen Sie die Bündigkeit von Tobias' *essay* und geben bekannt, dass auch diese den Ausschlag für die Höchstnote gab.

- Beim Besprechen eines Zeitungsartikels ist dessen konziser Stil ein erster Untersuchungsauftrag.
- Wenn Sie über Besonderheiten des britischen Schulsystems sprechen, weisen Sie mit unverstellter Bewunderung darauf hin, dass dort *essay writing* mitunter als Erziehung zur Bündigkeit gesehen wurde und wird.

Um die Ecke gedacht

Auch das ist eine gute Nebenwirkung: Schüler, die über keinen umfänglichen Wortschatz verfügen und lange brauchen, um einen englischen Satz zu Papier zu bringen, fühlen sich durch einen Lehrer, der Bündigkeit lobt, ermutigt.

67 Differenzierung anderen überlassen

Natürlich ist dieser Tipp ketzerisch formuliert: Am Differenzieren kommt angesichts zunehmend uneinheitlicher Lerngruppen kein Lehrer mehr vorbei. Da sich dies auch bei der Elternschaft herumgesprochen hat, begegnet so mancher Pädagoge überraschenden Erwartungshaltungen: „Mein Sohn hat eine nachgewiesene Rechtschreibschwäche. Bitte fördern Sie ihn daher entsprechend." Oder: „Meine Tochter hat an ihrer alten Schule ein Jahr lang Französisch als erste Fremdsprache gelernt. Jetzt sind wir umgezogen und haben sie bei Ihnen aber für Englisch angemeldet. Sicherlich lässt sich dieser Rückstand mit ein wenig Differenzierung wettmachen."

Ihre Antwort lautet in diesen Fällen nein, weil beide in die Zuständigkeit äußerer Differenzierung fallen. Sehr vereinfacht ausgedrückt: Sie haben nur innerhalb Ihres Wirkungsbereichs, sozusagen innerhalb des Klassenzimmers, die

Möglichkeit, didaktisch oder methodisch zu differenzieren. Dies nennt man innere Differenzierung.

Nur didaktisch-methodisch differenzieren

Doch gibt es Bereiche, in denen die Schulleitung (oder sogar die Schulverwaltung) organisatorisch differenzieren muss. Auf die Beispiele bezogen: Die Schulleitung verpflichtet den Schüler mit Rechtschreibschwäche, die LRS-Förderstunde zu besuchen, die eine eigens geschulte Kollegin unterrichtet. Und das Mädchen, das nun plötzlich Englisch lernen soll, wird nur probeweise in die Englischklasse aufgenommen und angewiesen, an der Englisch-AG teilzunehmen.
Trägt man also Wünsche an Sie heran, bei denen Mittel der inneren Differenzierung versagen werden, so leiten Sie diese Wünsche an die nächsthöhere Stelle weiter.
Um alles andere kümmern Sie sich selbstverständlich mit dem üblichen pädagogischen Pathos.

Entspannt differenzieren

68

Im Gegensatz zur äußeren Differenzierung, für die üblicherweise die Schulverwaltung oder Schulleitung verantwortlich zeichnet, sind bei inneren Differenzierungsmaßnahmen wir Lehrer die Strippenzieher. Dabei stehen uns zwei grundsätzliche Möglichkeiten offen. So können wir erstens didaktisch differenzieren (Tipp 67). Das kann zum Beispiel so aussehen:

› Tipp 67

- Die Lernenden wählen aus drei angebotenen Hausaufgaben entsprechend ihrer Neigung und/oder ihrer Leistungsfähigkeit eine aus.
- Die Lernenden sollen bei einem Aufsatz mindestens 150 Wörter schreiben – wer mehr schreiben möchte, kann dies gerne tun (solange die Bündigkeit gewahrt bleibt; Tipp 66). Wer mit Ach und Krach 150 Wörter zu Papier bringt, hat die Aufgabe ebenso gelöst.

› Tipp 66

Die zweite grundsätzliche Differenzierungsmöglichkeit ist die methodische. Beispiele:

- Bei einer Übung zum Hörverstehen erhalten manche Schüler ein Arbeitsblatt, das zwar mehr Stützen bietet – Sie aber wenig Vorbereitungszeit gekostet hat (Tipp 38).
- Es wird den Lernenden anheimgestellt, ob sie eine Aufgabe alleine oder zu zweit bearbeiten wollen.

› Tipp 38

Die vier Beispiele sollen auch eines deutlich machen: Innere Differenzierung ist kein Hexenwerk und muss nicht zwangsläufig zu einem Mehr an Aufwand führen. Die Vorstellung, dass für eine differenziert unterrichtete Lerngruppe mit 27 Schülern auch 27 verschiedene Arbeitsblätter gestaltet (und überprüft!) werden müssen, ist ebenso albern wie gefährlich. Es muss mit einfacheren Mitteln gehen, und es geht auch mit einfacheren Mitteln!

Differenzieren mit einfachen Mitteln ist möglich

Gehen Sie das weite Feld der Differenzierung entspannt an. Die folgenden Tipps 69 bis 77 helfen Ihnen dabei.

› Tipp 69–77

69 Mit Minimalanforderungen arbeiten

Betrachten Sie die folgenden beiden Hausaufgaben und überlegen Sie: Welche davon wird Ihrer Einschätzung nach zu weniger Ich-hab-die-Hausaufgaben-vergessen-Meldungen in der Folgestunde führen?

- *revision of if-clauses + workbook p. 140, exercise 1, 3, 5, 8b*
- *revision of if-clauses + workbook, p. 140 two exercises (or three or four)*

Mit sehr großer Wahrscheinlichkeit wird die zweite Hausaufgabe von mehr Schülern erledigt werden. Ein leistungsstarker Schüler, der beispielsweise an diesem Nachmittag ins Kino gehen möchte, hat mit nur zwei Aufgaben seine Pflicht bereits erledigt. Und einem Schüler, der sich mit den *if-clauses* noch schwer tut, wird bei zwei wählbaren Aufgaben das Ziel erreichbar vorkommen; sind hingegen gleich vier Übungen verpflichtend, wird er vielleicht vorschnell die Flinte ins Korn werfen und gar nichts tun.

Aus diesen und anderen Gründen ist es pädagogisch günstig, mit Minimalanforderungen zu arbeiten. Wer hingegen die Messlatte für alle sehr hoch legt, braucht sich nicht zu wundern, dass nur wenige darüberspringen wollen oder können.

Messlatte nicht zu hoch anlegen

Minimalanforderungen sind ein Differenzierungs-Trumpf, der in allen gängigen Bereichen des Englischunterrichts ausgespielt werden kann:

- Grammatikübungen (s. o.)
- Wortschatzarbeit (*Your mind-map must have ten new words or more.*)
- Textproduktion (*Write 100 words or more.*)
- Reading activities (*Underline at least two arguments which are elaborated by the author.*)
- Filmanalyse (*Jot down at least three characteristic quotes by the main actor and explain why you think they are characteristic.*)
- Hörverstehen (*Find out the names and the jobs of two or more people in the conversation.*)

Um die Ecke gedacht

Gerade in niedrigen Klassen gibt es auch immer noch sehr langsame Schreiber – auch ihnen kommen Minimalanforderungen entgegen.

Nach Neigung differenzieren 70

Neigungsdifferenzierung ist eine sehr wirkungsmächtige Antwort auf schulische Vielfalt.

Neigungsdifferenzierung liegt vor, wenn Schüler sich Lerngegenstände aussuchen dürfen, die ihren Interessen entsprechen. Der Mehrwert besteht dabei in zweierlei: Er speist sich erstens aus der Tatsache, dass den Lernenden eine wirkliche Wahl zugestanden wird – und Psychologen wissen: Selbstbestimmtheit spornt Menschen für gewöhnlich an.

Zweitens beflügelt natürlich, dass die Schüler entsprechend ihrer Vorlieben arbeiten dürfen und nicht dazu gezwungen werden, das zu tun, was ihnen nicht liegt.

Neigungsdifferenzierung ist aufwandsfrei

Wahlmöglichkeiten zu gewähren ist deshalb ein Differenzierungsmittel, das ohne nennenswerten zusätzlichen Aufwand für den Lehrer daherkommt.

Das folgende Beispiel zeigt, mit welch einfachen Mitteln Sie neigungsdifferenzierte Textarbeit betreiben können. In einer zehnten Klasse wird ein Lied behandelt, in dem es um eine Dreiecksbeziehung geht: Eine Frau steht zwischen zwei Männern. Hier der Aufgabenapparat, der unter dem Songtext abgedruckt ist:

Assignments

1. *Summarise the story behind the lyrics.*
2. *Analyse the relationship between*
   a) the speaker and the woman in his car
   b) the woman and her lover.
3. **Analyse the relationship between the speaker and the woman's lover.*
4. **Analyse the structure of the first two stanzas and comment on the effect of their specific structure.*
5. *Explain the last stanza and comment on its effect on the listener.*
6. *How would you orchestrate the song?*

** = difficult*				
Must-do:	*1*	*2*		
Can-do:	*3*	*4*	*5*	*6*
Minumum:	*3 assignments*			

Beachten Sie weniger den Inhalt der Arbeitsaufträge als vielmehr die Aufbereitung. Durch den Infokasten unten wird ein Pflichtbereich festgesetzt – die für das Verständnis unerlässlichen Aufgaben müssen alle Schüler bearbeiten – und ein größerer Wahlbereich wird definiert. Innerhalb dessen wiederum markiert das Sternchen Forderaufgaben.

Schließlich wird mit Minimalanforderungen gearbeitet (Tipp 69) und auch dadurch differenziert.
Als erfahrener Lehrer werden Sie gemerkt haben, dass dieses Verfahren zudem nahezu aufwandsneutral ist.

› Tipp 69

Gleich mal ausprobieren

Wenn Sie hiervon nicht überzeugt sind, dann probieren Sie das Verfahren mit einem bereits vorhandenen Aufgabenapparat aus. Hierfür eignen sich meistens die Abschlusstexte eines Lehrwerkskapitels recht gut.

Um die Ecke gedacht

Wenn Sie in der Sekundarstufe II Englisch unterrichten und nachmittags am häuslichen Schreibtisch viel Zeit mit dem Lesen von englischen Aufsätzen zubringen, dann kann Ihnen Neigungsdifferenzierung etwas Kurzweile bescheren. Wenn Sie Ihren Schülern Wahlmöglichkeiten in einer Klausur anbieten, indem Sie etwa zwei oder drei Aufgabenapparate entwickeln, dann führt dies aufgrund der thematischen Vielfalt zu abwechslungsreicherem Korrigieren. Allerdings kostet das Vorbereiten mehrerer Aufgabenapparate natürlich auch mehr Zeit.

HAUSAUFGABEN DIFFERENZIEREN

71

Hausaufgaben machen das Differenzieren einfach

Manche Bestandteile einer Englischstunde lassen sich nicht gut differenzieren – vermutlich zählen Einstiege hierzu. Andere Bestandteile wiederum eignen sich wunderbar zum Differenzieren, und nichts bietet sich hierfür so sehr an wie Hausaufgaben. Dies liegt vermutlich am Faktor Zeit. Etwas platt ausgedrückt: Wenn Schüler in der Schule uneinheitlich lange an einer Aufgabe arbeiten, wirkt sich dies auf den Unterrichtsfluss aus. Sitzen sie jedoch zu Hause unterschiedlich lange an einer Aufgabe, ist das nicht der Fall.

Setzen Sie daher konsequent auf Neigungsdifferenzierung (Tipp 70) und Minimalanforderungen (Tipp 69) – sofern nicht die Vokabeln der *unit* auf dem Plan stehen. Abwechslungsreich ist es, eine Bearbeitungsdauer vorzugeben anstelle eines Bearbeitungsumfangs: *At home, do some of the if-clause exercises on p. 140. Work with maximum concentration for 15 minutes.* Es empfiehlt sich hier jedoch, auf einem Elternabend die pädagogischen Erwägungen zu erläutern, denen diese Form der Hausaufgaben geschuldet ist.

› Tipp 69, 70

SOS-Tipp

Wenn Sie aufgrund der vielen Belastungen, die Lehrer zu schultern haben, nicht immer die nötige Zeit zum Differenzieren aufbringen können, dann beherzigen Sie zumindest diesen Tipp und nutzen Sie fortan die Hausaufgaben hierzu.

72 Verschiedene Übungstypen kennen

„Ich hab sechs Lerngruppen. Insgesamt etwas mehr als zwölf Dutzend Schüler. Jetzt sag man mir mal eins: Wie soll ich jemals das Tageslicht wiedersehen, wenn ich auch noch damit anfangen soll, für jede Klasse und jeden Kurs nicht ein Arbeitsblatt vorzubereiten, sondern gleich drei verschiedene, die auch noch unterschiedlich schwer sind. Ich dank recht schön!“ So oder so ähnlich hat es vermutlich jeder Lehrer auf einer Konferenz oder einer Fortbildungsveranstaltung schon gehört. Und der zitierte Kollege hat ja auch nicht Unrecht: Differenzierung, die materialbasiert ist, bringt zugegebenermaßen einen Mehraufwand mit sich, der sich nicht wegkürzen lässt. Auch nicht mit diesem Tipp.

Sie können den Aufwand aber erheblich verkleinern, wenn Sie sich einen einfachen fremdsprachendidaktischen Sachverhalt vor Augen führen: Es gibt offene Übungen, halboffene und geschlossene. In aller Regel sind offene Übungen

Schwierigkeitsgrad offen > halboffen > geschlossen

anspruchsvoller als halboffene, und halboffene sind anspruchsvoller als geschlossene. So weit, so gut. Zum Differenzieren ist aber wichtig, dass sich ohne nennenswerten Aufwand am PC geschlossene Übungen in halboffene umwandeln lassen und umgekehrt. Nehmen wir also an, ein Lehrer entwirft am Computer ein Arbeitsblatt zum *simple past*. Die ersten beiden Übungssätze lauten:

Underline the correct verb form:
Last year, Linda visit / visiting / visited Australia.
She was / is / have been there for six weeks. (...)

Testtheoretiker würden diese schlichte Übung als geschlossenes Format bezeichnen, das aufgrund der Vorgaben entsprechend einfach zu lösen ist. Jetzt kommt der versprochene Clou: Mit wenigen Klicks lässt sich daraus eine halboffene Übung zaubern:

Last year, Linda _________________ Australia. She
_________________ there for six weeks. (...)

Diese halboffene Übung ist anspruchsvoller, weil weniger Hinweise gegeben werden und mutige Schüler hier zum Beispiel auch starke Verben einsetzen können (etwa *fly* und *go*).
Leider lassen sich halboffene Übungen nicht so zügig in offene umwandeln. Eine passende offene Übung wäre beispielsweise:

Last year, Linda flew to Australia. What did she do there?
Write at least four sentences.

Dem zu Recht besorgten Kollegen von oben könnten Sie demnach entgegnen, dass durch den Einsatz verschiedener Übungsformate und durch ein geeignetes Textverarbeitungsprogramm das Bedienen unterschiedlicher Leistungsstufen vereinfacht wird.

VORBEHALTE ABBAUEN

73

Wenn Sie einen Vortrag oder eine Fortbildung zum Thema Differenzierung und Individualisierung besuchen und die Zeit für die Fragen der Zuhörer gekommen ist, dann dauert es meistens nicht lange, bis diese beiden Bedenken geäußert werden:

- die Sorge, dass der Lehrer durch das wiederholte Übertragen einer einfachen Aufgabe einen Schüler als leistungsschwach brandmarkt („Stigmatisierung")
- die Befürchtung, dass Wahlfreiheit sogar leistungsstarke Schüler dazu verführt, die einfachsten Übungen zu bearbeiten („Weg des geringsten Widerstands")

Tatsächlich sind die beiden Vorbehalte nicht zutreffend beziehungsweise ganz einfach aus der Welt zu schaffen. So entfällt das Argument der Stigmatisierung in einem Klassenzimmer, in dem immer wieder auch nach Neigung differenziert wird. Wer aus freien Stücken eine einfache Aufgabe

› Tipp 70

wählt (Tipp 70), wird schlechterdings die geistige Selbsterniedrigung im Sinn haben.

Auch die zweite Befürchtung bewahrheitet sich in der Praxis normalerweise nicht. Es mag sein, dass auch ein Leitungsträger einmal eine vergleichsweise anspruchslose Übung wählt. Er wird sich dabei aber unterfordert fühlen, langweilen und beim nächsten Mal eine andere Entscheidung treffen.

Es kommt allerdings zuweilen vor, dass ein Schüler mit insgesamt befriedigenden Leistungen Übungen auswählt, die für ihn eigentlich zu leicht sind. Dies liegt möglicherweise in seiner Angst vor dem Scheitern begründet („Die schwere Übung krieg' ich doch sowieso nicht hin!"). In diesem Fall ist pädagogisches Fingerspitzengefühl gefragt: Zuspruch

› Tipp 56

oder zusätzliches *scaffolding* (Tipp 56) sind dann nötig.

Fest steht: Wir sollten Schüler nicht unterschätzen. In der Regel wissen sie um ihre Leistungsfähigkeit sehr genau Bescheid.

74

Dieser Tipp ist schulartenspezifisch und betrifft wohl vornehmlich Gymnasien.
Im Zusammenhang mit der öffentlichen Diskussion über den schulischen Umgang mit Heterogenität ist immer wieder auch der Ruf nach differenzierter Leistungsbewertung zu vernehmen. Vereinfacht ausgedrückt bedeutet dies: Innerhalb einer Klassenarbeit sind Anspruchsabstufungen vorhanden. Üblicherweise kann der Schüler dann wählen, ob er den schweren oder den einfachen Teil der Überprüfung bearbeitet beziehungsweise zusätzliche Hilfen in Anspruch nimmt.
Schon diese vereinfachte Darstellung wird den kundigen Lehrer ins Grübeln bringen: Wie wird dann die Note errechnet? Kann der Schüler, der die einfachen Aufgaben wählt, die Höchstnote erreichen? Wie kommen Zeugnisnoten zustande? Und, nicht zuletzt, wie stichhaltig ist diese Herangehensweise in rechtlicher Hinsicht?
Um es ganz deutlich zu sagen: Die Fragen des Lehrers sind allesamt berechtigt. Tatsächlich betritt man vielerorts mit dieser Form der Leistungsbewertung schulrechtliches Neuland und die wenigsten Gymnasien verfügen über entsprechend einschlägige Alltagserfahrung.
Der Tipp zur differenzierten Leistungsbewertung lautet daher: Warten Sie die Entwicklung ab, lesen Sie die Verordnungen Ihrer Schulbehörde, pflegen Sie den regen Austausch mit Ihrer Fachschaft und mit Ihrer Schulleitung. Differenzieren Sie einstweilen didaktisch und methodisch in Ihrem Unterricht.

Achtung!

Am Gymnasium ist differenzierte Leistungsbewertung im Fach Englisch noch ein heißes Eisen. Voreiliges Vorpreschen – möglicherweise sogar ohne innerschulische Absprachen – ist in diesem Zusammenhang nicht zu empfehlen.

EINFACH INDIVIDUALISIEREN

75

Ein Zauberwort, das im Zusammenhang mit schulischer Vielfalt gerne genannt wird, ist das der Individualisierung. Dabei handelt es sich indes um einen Begriff, der Lehrer schaudern lässt, weil er vermeintlich die Erwartung birgt, jedes Individuum müsse jederzeit individuell gefördert und gefordert werden. Dieser umfassende Individualisierungsbegriff ist jedoch nichts weiter als erheiternder Unfug, der aufgrund seiner Wirklichkeitsferne nicht weiter kümmern soll. Individualisierung bedeutet vielmehr, der Individualität jedes einzelnen Schülers mit Wohlwollen zu begegnen und mit geeigneten Verfahren behutsam zu berücksichtigen. Eigene Lösungen, Ansichten, Herangehensweisen sind im individualisierten Unterricht erwünscht.

Das Fach Englisch bietet hierfür vielerlei Möglichkeiten, die zum Teil erfolgreich in den Schulen verankert worden sind.

Methoden, die sich gut zum Individualisieren eignen

So zeichnet sich ein Lesetagebuch (*reading log*) dadurch aus, dass in ihm die Möglichkeit eröffnet wird, das eigene Verständnis eines Textes und die individuelle Wirkung, die er beim Lesen entfaltet hat, zu beschreiben.

› Tipp 63

Me-Texte (Tipp 63) erheben das Persönliche zum archimedischen Punkt und haben auch daher ihre Berechtigung im individualisierenden Englischunterricht.

Creative writing ist von Haus aus in hohem Maß individualisiertes Schreiben und sollte mitunter aus diesem Grund zu den Stammspielern unter den Aufsatzformen gehören.

Ferner zeichnen sich Freiarbeit und das Lernen an Stationen dadurch aus, dass den Schülern die Möglichkeit zugesprochen wird, eine individuelle Auswahl zu treffen und mit der ganz eigenen Lerngeschwindigkeit zu arbeiten.

Individualisierungsmomente sollten aber nicht nur an offenen Lernarrangements festgemacht werden. Der gute alte *essay* etwa, in dem die subjektive Meinung eines Schülers erfragt wird, passt ebenso zum individualisierten Englischunterricht, wie es *book reports* und *film reviews* tun.

Durch Abwechslung differenzieren 76

Sie stehen dem Anspruch der Differenzierung insgesamt eher kritisch gegenüber? Dann ist dieser Tipp genau der richtige für Sie.

Ein erfundenes Beispiel: Frau Dr. M. gilt an ihrer Schule als Profi des offenen Unterrichts. Sie hat bereits mit Lernzirkeln gearbeitet, als die meisten Lehrer noch dachten, es handele sich dabei um den neuesten Schrei der Mathematikdidaktik. Sogar ein kleines Bändchen zum offenen Englischunterricht hat Frau Dr. M. vorgelegt, und für regionale Fortbildungsveranstaltungen ist sie bereits zweimal gebucht worden.

Frau Dr. M. macht zweifelsohne guten Unterricht – sofern offener Unterricht *per se* als gut bezeichnet werden kann (Tipp 97). Betrachtet man indes den grundsätzlichen Zuschnitt ihrer Stunden, so kommt man nicht umhin festzustellen, dass diese ziemlich abwechslungsarm sind: Es herrscht nämlich Offenheit, so weit das Auge reicht.

› Tipp 97

Frau Dr. M. verspielt dadurch einen Differenzierungsjoker – und zwar den eines grundsätzlich abwechslungsreichen Unterrichts. Wer nämlich den Zuschnitt einer Stunde an Lerngegenständen ausrichtet und je nach den inhaltlichen Gegebenheiten bald eine offene bald eine halboffene bald eine geschlossene Stunde plant, der sorgt für Abwechslung. In der Englischdidaktik wird ein solches Vorgehen unter dem Begriff des *Balanced Teaching* geführt (Thaler 2010, S. 17 ff.).

Balanced Teaching hilft auch beim Differenzieren

Eigene Erfahrungen bestätigen, was auch schon aus der pädagogischen Forschung bekannt ist: Manche Schüler lernen erfolgreich in offenen, manche aber ungleich besser in halboffenen beziehungsweise geschlossenen Stunden. Sie sehen: Die grundsätzlich offenen Stunden von Frau Dr. M. sind blind gegenüber Schülern, die zum Lernerfolg Lenkung durch den Lehrer benötigen.

Selbstverständlich würde Frau Dr. M. kluge Argumente gegen diese Behauptung ins Feld führen. So lenke sie über Medien und zum Teil kleinschrittiges Material, und auch innerhalb der umsichtig zusammengesetzten Arbeitsgrup-

pen gebe es Führung durch die Leistungsstarken. Das ist alles richtig. Nur: Eine Differenzierung der methodischen Großformen findet dennoch nicht statt.
Betreiben Sie deshalb durchgängig *Balanced Teaching* und schrecken Sie bei entsprechenden Lerninhalten nicht vor geschlossenen Stunden zurück. Sehen Sie dies als weitere Möglichkeit, unterschiedliche Lerntypen differenziert zu bedienen. *Entspannt* zu bedienen.

Offenheit zur Diagnose nutzen

77

› Tipp 76

Die Bedenken gegenüber offenem Unterricht (Tipp 76) sollen nicht darüber hinwegtäuschen, dass offene Stunden einen Vorteil für den Lehrer bieten, mit dem geschlossene nicht aufwarten können. Die Offenheit gibt dem Unterrichtenden nämlich die Möglichkeit, diagnostisch tätig zu werden.
Wer eine geschlossene Stunde hält, wird wenig Zeit haben, einzelne Schüler in den Blick zu nehmen: Lehrervortrag, Unterrichtsgespräch und Tafelbild lassen dafür wenig Raum. Anders bei offenen Lernformen wie Lernzirkel oder Freiarbeit: Sobald die Verfahrensweise erklärt ist, hat der Lehrer die Zeit, einzelne Schüler sehr genau zu beobachten. Er kann dies aus der Ferne tun oder sich zu dem Schüler setzen und ihm dabei zusehen, wie er ohne fremde Hilfen mit den Aufgaben umgeht. Wertvolle Rückschlüsse über Sozialverhalten, Lernverhalten, Herangehensweise und Durchhaltevermögen werden hierbei gewonnen sowie individuelle Verständnisprobleme und Wissenslücken diagnostiziert.
Offene Lernarrangements geben in einem zweiten Schritt auch Raum für individuelle Förderung: Hat der Lehrer bei einem Schüler Lücken festgestellt, kann er diese schließen, indem der Lerngegenstand beispielsweise noch einmal besprochen wird.
Offene Unterrichtsformen sollten Sie daher fortan auch als Gelegenheiten zur Differenzierung und Individualisierung sehen.

SOS-Tipp

Eine Lernzirkel-Doppelstunde kann bei diagnostischem und förderorientiertem Übereifer sehr erschöpfend sein. Sie sollten daher nicht versuchen, alle Schüler Ihrer Lerngruppe gleichzeitig im Blick zu haben. Beschränken Sie sich auf die vier, die in der letzten Klassenarbeit nicht gut abgeschnitten haben. Beginnen Sie auch nicht sofort mit der individuellen Förderung, sobald sich bei einem Schüler eine Wissenslücke auftut. Vielleicht hat noch ein weiterer Schüler Schwierigkeiten mit dem gleichen Sachverhalt und Sie können diesen mit beiden auf einmal klären.

Schülern gegenüber verlässlich sein 78

Die Überschrift dieses Tipps kommt so schlicht daher, dass sie eigentlich selbsterklärlich ist: Natürlich muss der Lehrer verlässlich sein. In Bezug auf Leistungsmessung – also wenn es um Noten geht – bedeutet Verlässlichkeit: Die Schüler können darauf bauen, dass das, was der Lehrer vorab verkündet hat, tatsächlich auch überprüft wird. Bei diesem Satz lohnt es sich innezuhalten und jeden einzelnen Schlüsselbegriff genau zu erläutern.

Verlässlichkeit in Bezug auf Klassenarbeiten

- „vorab“: Die Vorschriften aller Bundesländer sehen vor, dass auf Überprüfungen deutlich im Vorhinein hingewiesen wird. Üblicherweise gilt dabei die Wochenfrist. Jedoch darf bezweifelt werden, dass dies bei gewichtigen Leistungskontrollen wie Klassenarbeiten wirklich ausreicht. Schüler wissen es sehr zu schätzen, wenn sie schon zu Halbjahresbeginn alle Klassenarbeitstermine kennen (Tipp 79).

› Tipp 79

- „verkündet“: Der Begriff ist mit Bedacht gewählt worden – denn „verkünden“ definiert der Duden unter anderem mit „laut und mit Nachdruck erklären“. Es geht also nicht darum, beiläufig zu sagen, dass bald eine Arbeit ansteht, in der Vokabeln überprüft werden und ein Text geschrieben werden soll. Das ist zu wenig! Vielmehr müssen die einzelnen Abschnitte der Arbeit genau erläutert und handfeste Tipps für die Vorbereitung gegeben werden – im Übrigen bricht es niemandem einen Zacken aus seiner Anglisten-Krone, wenn dies vorsorglich auf Deutsch geschieht. Wenn Sie die Schwerpunkte der Arbeit schriftlich an der Tafel festhalten, ist Eltern und Schülern geholfen (Tipp 79).

› Tipp 79

- „tatsächlich“: Wer eigene Kinder in den Sekundarstufen hat, der weiß, dass Klassenarbeiten zuweilen mit der einen oder anderen Überraschung aufwarten, die sich nicht unmittelbar aus dem Verkündeten ergibt. Auch hierbei hilft eine Verschriftlichung vorab – vorausgesetzt Sie haben als Lehrer genügend Stoff, um eine Arbeit aufzusetzen (Tipp 80).

› Tipp 80

Wenn Sie diese drei Gesichtspunkte berücksichtigen, dann sind Sie schon ein gutes Stück gegangen in Richtung Verlässlichkeit.

Um die Ecke gedacht

Kündigen Sie Kurztests an, in denen Sie innerhalb weniger Minuten überprüfen, ob beispielsweise die Vokabeln gelernt oder die neue Grammatik wiederholt wurde? Die Erfahrung zeigt, dass die Ergebnisse besser ausfallen, wenn der Lehrer solche Überprüfungen ankündigt. Schüler scheinen die Vokabeln und die Grammatik dann also eher zu wiederholen und demgemäß eher zu lernen – warum sollten Sie Kurztests also nicht ankündigen?

79

Zwei handfeste Hinweise, die Sie in den Augen der Eltern zu einem verlässlichen Bewerter machen:
Kündigen Sie am ersten Elternabend des Schuljahres die Termine für die Englischarbeiten an. Dies zeigt, dass Sie planmäßig vorgehen und sich nicht von Stunde zu Stunde hangeln. Kurzum: Es zeigt, dass Sie Profi sind. Eltern schätzen dies auch, weil sie dann bei der Planung gemeinsamer Unternehmungen am Wochenende anstehende Klassenarbeiten berücksichtigen können.
Geben Sie außerdem lange vor der Klassenarbeit einen Lernplan aus, in dem die Schwerpunkte der Klassenarbeit schriftlich niedergelegt sind (Tipp 78). Schreiben Sie diesen ruhig auf Deutsch, weil nicht alle Eltern Englisch können und der Lernplan auch die Elternschaft informieren soll. Achten Sie ferner darauf, dass Sie die Schwerpunkte anschaulich und genau benennen und auf Übungsmöglichkeiten hinweisen. Hier ein Beispiel für einen Schwerpunkt:

› Tipp 78

Für die Arbeit am 14.2. musst du …
den *if-clause type II* anwenden können. Deshalb solltest du
- die Regeln wiederholen (Hefteintrag vom 18.01.),
- die unregelmäßigen Verben wiederholen (Buch S. 164),
- wissen, ob die Verben der unit das *past tense* regelmäßig oder unregelmäßig bilden (Buch S. 82–85),
- den Unterschied zwischen *if* und *when* kennen (Hefteintrag vom 22.01.),
- Lückentexte üben (*Workbook* S. 37, Nr. 1, 2, 4),
- einen Text schreiben, in dem du erzählst, was du tun würdest, wenn du reich/Angela Merkel/ein Vogel wärst.

Um die Ecke gedacht

Wenn Sie die Termine der Englischklassenarbeiten am Schuljahresbeginn bekannt geben, dann wissen die Eltern auch, dass sie etwa vierzehn Tage später bei ihren Schützlingen nach dem Ergebnis fragen können.

SOS-Tipp

> Wenn Sie aufgrund anstehender Fortbildungsveranstaltungen oder Unwägbarkeiten des Stundenplans die Termine der Englischarbeiten nicht tagesgenau bekannt geben können, dann nennen Sie den Eltern die entsprechenden Kalenderwochen.

80 Klassenarbeiten entwerfen

Bei Vokabeltests und Klassenarbeiten gilt: Die Spannung zwischen fachdidaktischen Wünschen und schulpragmatischen Ansprüchen wird vermutlich nie ganz aufgelöst werden können. Die Überprüfung, welche die Didaktikprofessorin ebenso begeistert wie die Lerngruppe und den erschöpften Lehrer, muss wohl erst noch erfunden werden.

Dennoch gibt es Best-Practice-Erfahrungen, die bald didaktischen, bald pragmatischen Erwägungen geschuldet sind. In der Sekundarstufe I können Sie mit der Berücksichtigung der folgenden Empfehlungen nichts falsch machen.

Gütekriterien einer Klassenarbeit

- Für eine Klassenarbeit benötigen Sie zunächst eine gewisse Stoffmenge. Nur eine einzige grammatische Erscheinung zu überprüfen bedeutet, diejenigen Schüler, welche die grammatische Besonderheit nicht verstanden haben, ungebührlich abzustrafen. Zwei unterschiedliche grammatische Bereiche sind deshalb das Mindestmaß.
- › Tipp 1 Holen Sie auch die Lexik ins Boot (Tipp 1). Es ist albern, allenthalben die Überlegenheit der Lexik rühmen und die dienende Funktion der Grammatik zu beschwören, wenn in Überprüfungen der Wortschatz ausgespart wird.
- › Tipp 72 Denken Sie sich unterschiedliche Aufgabenformate aus (Tipp 72): Entwerfen Sie geschlossene (*Underline the correct form of the verb*), halboffene (*Finish the if-clause*) und offene Aufgaben (*Write five sentences about the things you did [not] when you were a little child*).

- Denken Sie sich eine schülerorientierte Abschlussaufgabe zur Textproduktion aus. Überlegen Sie, ob die Schüler über das nötige Vokabular (und über die nötigen Strukturen) verfügen, um den Text zu verfassen. Bieten Sie *scaffolding* an und weisen Sie auf den erwarteten Umfang hin (Tipp 56). › Tipp 56
- Ordnen Sie die Aufgaben nach Schwierigkeit. Eine einfache Übung sollte der Motivation wegen zu Beginn der Klassenarbeit stehen.
- Schreiben Sie die erreichbaren Punkte (*credits*) rechts neben die entsprechenden Übungen (Tipp 81). › Tipp 81
- Formatieren Sie die Arbeit so, dass Sie nicht unzählig viele Bogen pro Schüler vervielfältigen müssen.

Gleich mal ausprobieren

Lassen Sie die ausgedruckte Überprüfung einen Tag liegen und lösen Sie diese dann selbst – nichts macht Schwächen der Arbeit augenfälliger.

Punktvergabe prüfen

81

Selbstverständlich arbeiten Sie mit Punkten, nicht mit Fehlern. Allerdings will genau überlegt sein, wie viele Punkte wofür vergeben werden. Einfach ist dies gewiss nicht, denn selbst bei geschlossenen Aufgaben kann es Streitfälle geben. So zum Beispiel in folgendem Fall: Ein Schüler schreibt bei einer Lückentextübung, in der es um die richtige Vergangenheitsform geht: *After he had goten (to get) home, he watched TV.* Es besteht kein Zweifel, dass der Schüler das richtige Partizip gewählt hat; er hat es aber falsch geschrieben. Nun können Sie hierfür einen Punkt geben, weil konzeptionell richtig. Sie können einen halben Punkt geben, weil konzeptionell richtig, aber in der Schreibung falsch. Oder Sie geben gar keinen Punkt, weil die Lösung nicht perfekt ist – und es gemäß der Regel „alles oder nichts“ nur für vollkommen richtige Lösungen einen Punkt gibt.

Hier gilt also Augenmaß! Vor allem die letztgenannte Lösung sollte nur sehr sparsam eingesetzt werden, weil die Klassenarbeitsdurchschnitte ansonsten jählings abstürzen und Ihre Schüler wenig Freude am Fach Englisch haben werden.

Auf Stimmigkeit achten

Genauso wichtig ist die Stimmigkeit der Aufgabenbepunktung. Hierbei muss folgende Bepunktungstreppe gelten:

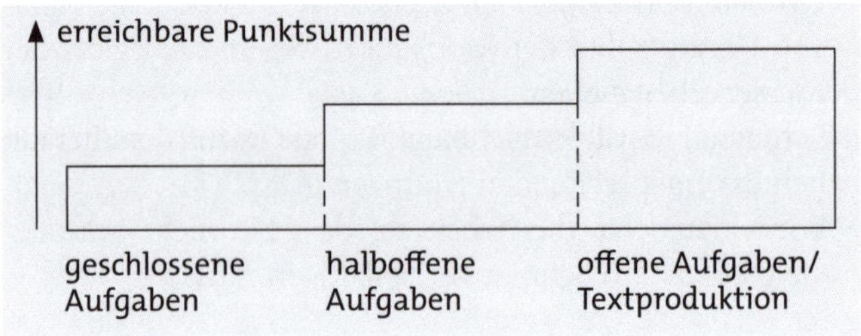

Für offene Aufgaben und Textproduktion werden demnach mehr Punkte vergeben als für halboffene. Diesen wiederum wird eine höhere Punktsumme zugewiesen als geschlossenen Aufgaben. Doch sollten Sie die möglichen Punkte für offene Aufgaben beziehungsweise Textproduktion nicht astronomisch hoch bemessen. Wenn ein Schüler nämlich in diesem Bereich keine Punkte erzielt, die halboffenen und geschlossenen Aufgaben jedoch richtig hat, würde er möglicherweise eine (sehr) schlechte Note erhalten. Wägen Sie also ab und berücksichtigen Sie Ihre Schulform.
Hier ein Beispiel aus einer neunten Klasse:

Nummer	Bereich	Aufgabentyp	Bepunktung
1.	Hörverstehen	geschlossen	5
2.	Wortschatz	geschlossen	5
3.	Grammatik I	halboffen	4
4.	Grammatik II	halboffen	8
5.	Textproduktion	offen	15

Oberstufenarbeiten bepunkten

82

Über die Punktevergabe bei einer Englischarbeit sollten Sie sich nicht nur in der Sekundarstufe I Gedanken machen (Tipp 81), sondern auch in Bezug auf Aufsätze in der Oberstufe – und zwar gilt es hier zunächst zu überlegen, ob Sie überhaupt mit Punkten arbeiten wollen! Vielleicht kommt Ihnen die folgende erfundene Geschichte bekannt vor …

› Tipp 81

Beim Entwerfen der Kursarbeit lässt Frau P. besondere Sorgfalt walten. Sie wählt eine geeignete Szene aus dem gerade behandelten Stück aus und entwirft einen pädagogisch gründlich durchdachten Erwartungshorizont. In diesem Zusammenhang setzt sie auch fest, welche der drei Teilaufgaben wie viele Punkte erhält: Ein gut ausgearbeiteter Aspekt soll mit zwei Punkten – einem für das Benennen, einem für das Erläutern – bewertet werden. Bei der letzten Aufgabe, in der die Vieldeutigkeit des Dramentitels untersucht werden soll, müssen für den Notenbereich „sehr gut" drei Bedeutungsstränge benannt und mit hinreichender Sorgfalt erläutert werden. Deswegen werden für diese Aufgabe sechs Punkte vergeben. Als Frau P. zwei Wochen später die Arbeit mitsamt Erwartungshorizont zurückgibt und ihre Erwägungen bei der Punktevergabe erläutert, beschwert sich Marc lauthals: Er habe doch bei der letzten Aufgabe drei Bedeutungen hingeschrieben! Wie könne Frau P. ihm dann nur einen läppischen Punkt geben? Die Erklärung der Lehrerin, Marc habe eben halbrichtige Beobachtungen ohne jede Erläuterung lediglich gelistet, überzeugt den zeternden Schüler nicht.

Wie hätte sich diese unangenehme Situation vermeiden lassen? Viele Schüler sitzen dem Irrglauben auf, dass bereits das Nennen einer Beobachtung die Höchstpunktzahl nach sich zieht. („Aber da hab ich ja geschrieben, was Sie wollten – hier steht's doch!") Diese Klippe können Sie ganz einfach umschiffen, indem Sie bei Oberstufenaufsätzen auf Bepunktung verzichten und stattdessen Teilnoten geben. Zurück zum Beispiel von Frau P.: Hätte sie unter die letzte Aufgabe von Marcs Aufsatz einen Kurzkommentar mit Verbalnote

Teilnoten statt Inhaltspunkte geben

geschrieben (*one of three observations correct, no explanantions given: insufficient*), dann wäre mit hoher Wahrscheinlichkeit das Feilschen um Punkte ausgeblieben. Dem Lehrer einen Punkt abzuluchsen und somit durch die Hintertür einen höheren Notenbereich zu betreten, das erscheint nämlich vielen Schülern einfacher, als einen höheren Notenbereich argumentativ zu erstreiten.

Gleich mal ausprobieren

Schreiben Sie zur inhaltlichen Bewertung unter jede Teilaufgabe einen Satz mit Verbalnote und errechnen Sie auf dieser Grundlage später die Gesamtnote für die inhaltliche Leistung. Das kostet nicht mehr Zeit als das Grübeln über die Punktevergabe und das Zusammenzählen der Einzelpunkte.

83 Noten in der Oberstufe berechnen

Wenn Sie in Oberstufenklausuren Teilnoten vergeben – zum Beispiel für die erste, zweite und dritte Aufgabe jeweils eine Inhaltsnote –, dann stellen sich zwei Fragen:

- Wie lassen sich unterschiedlich anspruchsvolle Aufgaben gewichten?
- Wie lässt sich die Gesamtnote für die inhaltliche Leistung aufwandsarm berechnen?

Die Antwort auf beide Fragen lautet: Arbeiten Sie mit einem Tabellenkalkulationsprogramm. Mit nur einer Formel errechnet es Ihnen die Inhaltsnoten einer Klausur, bei der die Aufgaben B und C inhaltlich doppelt so schwer gewichtet werden sollen wie die Aufgabe A. Die Formel lautet:

=(0,2*A)+(0,4*B)+(0,4*C)

Auch dies ist denkbar: A soll weniger gewichtet werden als B und B wiederum weniger als C. Die Formel lautet dann beispielsweise:

=(0,2*A)+(0,3*B)+(0,5*C)

Auf diese Weise können Sie die gewichteten Inhaltsnoten der 28 Schüler Ihres Oberstufenkurses berechnen, und zwar mit einem Klick!

Gleich mal ausprobieren

Viele Hinweise und Schritt-für-Schritt-Anleitungen zum Korrigieren mit Tabellenkalkulationsprogrammen finden Sie in Hohwiller 2013.

Wahlmöglichkeiten lassen

84

Dieser Tipp bezieht sich auf Klasse zehn und die Sekundarstufe II.
Wenn Sie ältere Schüler im Fach Englisch unterrichten, werden Klausuren häufig darin bestehen, dass ein Text verfasst werden soll. Sie können Ihren Schülern und sich einen Gefallen machen, indem Sie in der Klassenarbeit beziehungsweise Klausur mehrere Themen zur Wahl stellen, von denen dann eines zu bearbeiten ist.
Die Lernenden werden dies sehr zu schätzen wissen; denn die Wahrscheinlichkeit, dass alle 24 Schüler einer Lerngruppe von einem einzigen Aufsatzthema gleichermaßen begeistert sein werden, ist gering. Ferner erkennen reife Schüler auch die zusätzliche Arbeit an, welche der Lehrer ihretwillen auf sich genommen hat.
Ebenso bedeutend ist der Vorteil, den dieses Vorgehen für Sie selbst hat: Zwar müssen Sie sich mehr Themen ausdenken, dafür wird Ihnen das Bewerten der Aufsätze kurzweiliger erscheinen, weil Sie nicht zwei Dutzend Mal das Gleiche lesen müssen.

Um die Ecke gedacht

Solange eine flächendeckende und abschließende Klärung der Frage nach differenzierter Leistungsmessung aussteht (Tipp 74), ist die neigungsdifferenzierte Textproduktion Ihre Antwort hierauf.

› Tipp 74

85 Mündlichkeit bewerten

Schülervorträge sind wichtiger Baustein eines Fremdsprachenunterrichts, der Mündlichkeit großschreibt. Selbstverständlich müssen Präsentationen auch bewertet werden, und viele Lehrer tun sich damit schwer. Dies liegt an der Ungeduld der Rede und daran, dass Teilbereiche – Inhalt, Sprachrichtigkeit, Ausdruck – gleichzeitig in den Blick genommen werden müssen, während sie sich im Schriftlichen bei Bedarf nacheinander prüfen lassen.
Diese grundsätzliche Schwierigkeit hat auch die pädagogische Fachwelt erkannt und mit entsprechenden Publikationen darauf geantwortet. So werden scharenweise Bewertungskarten angeboten, die allesamt versprechen, dass mit ihrer Hilfe das Bewerten eines Schülervortrags ganz einfach sei. Fragen Sie aber mal im Lehrerzimmer nach, was die meisten Sprachlehrer von diesen Schablonen halten – das vollkommene Raster hat wohl noch keiner gefunden.

Vorsicht mit Bewertungskarten

Dies liegt vermutlich daran, dass die meisten Bewertungskarten zu viele Beobachtungsschwerpunkte setzen. Im Internet gibt es Bogen, die anraten, 35 Unterbereiche einer Präsentation zu beurteilen. Das bedeutet, dass der Lehrer, der einen solchen Bogen für eine zehnminütige Präsentation benutzt, 210 Entscheidungen zu fällen hat – im Schnitt stehen ihm also üppige drei Sekunden pro notenrelevanter Entscheidung zur Verfügung. (Und die einzelnen Bereiche sind dann noch nicht gewichtet.) Man muss kein Hellseher sein, um zu erkennen: Das kann nicht klappen!

Weniger ist mehr

Weniger ist deshalb mehr. Wer als Lehrer dem Vortragenden aktiv zuhören möchte, muss reduzieren – die Anzahl der Beobachtungsschwerpunkte und die ihrer Unterbereiche. Folgendes Raster hat sich bewährt:

language (3x)	*content (2x)*	*presentation skills (1x)*
+ good vocab *+ clear structure* ...	*– cannot answer Tom's question* ...	*+ beautiful handout* *+ good body language* ...

Sie sehen: Zwar werden die wichtigen Bereiche eines Schülervortrags im Fach Englisch beachtet, doch wird auf feinmaschiges Auffächern verzichtet. Stattdessen wird sogleich eine Gewichtung der Einzelbereiche vorgenommen; diese kann aber je nach inhaltlicher Schwierigkeit und Alter der Schüler angepasst werden.
Während des Vortrags notieren Sie in den Spalten Lob und Tadel. Der Gesamteindruck kann abschließend auch verbal festgehalten werden. Mit entsprechendem zeitlichem Abstand – also am nächsten Tag oder der Hohlstunde am Ende der Woche – lesen Sie Ihre Notizen erneut und setzen dann die Note für die drei Bereiche Sprache, Inhalt und Präsentationstechniken fest. Hieraus ermitteln Sie die Gesamtnote. Der Vorteil: Nur drei notenrelevante Entscheidungen werden getroffen, und zwar ohne Zeitdruck. Und dem Schüler können Sie auch mit diesem sehr schlichten Bewertungsbogen zurückmelden, was erfreulich und was verbesserungswürdig war.

Mündliche Noten erteilen

86

› Tipp 85

Mit Deskriptoren arbeiten

Das Beurteilen der mündlichen Leistung birgt gewisse Untiefen (Tipp 85). Lehrer greifen daher beherzt zu verschiedenen Mitteln, um der mündlichen Noten Herr zu werden.
Manche arbeiten mit Deskriptoren. Dabei wird gründlich beschrieben, woran beispielsweise die mündliche Leistung eines guten Schülers zu erkennen ist (Aussprache und Satzmelodie gut. Hausaufgaben werden sehr selten vergessen und Hausaufgaben werden ohne Aufforderung präsentiert. Meldet sich häufig und kann manchmal auch schwere Fragen beantworten …). Anhand dieser Deskriptoren schätzt der Lehrer seine Schüler über einen angekündigten Zeitraum ein und setzt die Note fest. Das Missliche an Deskriptoren ist aber, dass sie Leistungsschwankungen nicht oder nur ungenau abbilden: Wenn ein Schüler durchgängig in

der einen Doppelstunde am Nachmittag schweigt, derselbe Schüler in der Doppelstunde am Morgen jedoch treffende Beiträge liefert – dann ist es nicht leicht, diese mündliche Leistung mit einem einzigen Deskriptor des Notenfelds zu erfassen.

Einzelne Schüler gezielt beobachten

Andere Lehrer beobachten über einen angekündigten Zeitraum hinweg pro Stunde zwei bis drei Schüler, nehmen diese bei den Hausaufgaben dran und rufen sie verstärkt auf. Für diese Stunde erhalten die heimlich Beobachteten dann eine Note. Schwierig hierbei ist, dass zusätzlich zum alltäglichen Stundengeschehen auch noch drei Schüler, die es zuvor auszuwählen gilt, unter die Lupe genommen werden müssen, ohne die anderen 23 zu vernachlässigen. Ferner wird – sofern jeder Schüler nur einmal beobachtet wird – mit dieser Herangehensweise punktuell bewertet und nicht, wie pädagogisch sinnvoll und schulrechtlich vielerorts gefordert, über einen Zeitraum hinweg.

In einer Tabelle Stichworte zu allen Schülern notieren

Es gibt auch Lehrer, die eine Tabelle anlegen, in der sie über einen gewissen Zeitraum hinweg Stichworte zur mündlichen Leistung eines jeden Schülers festhalten. Zu guter Letzt wird aufgrund der verschiedenen Einträge dann die mündliche Note festgesetzt. Diese Herangehensweise ist zwar pädagogisch sinnvoll und schulrechtlich zulässig – aber auch sehr aufwendig.

Deshalb haben einige Kollegen das Verfahren vereinfacht und geben für jede Unterrichtsstunde innerhalb des bekannten Zeitraums jedem Schüler für die mündliche Leistung ein Plus oder ein Minus, vielleicht auch ein Doppelplus. Auf der Grundlage dieses Zeichensystems wird abschließend die Note ermittelt. Der Aufwand ist dabei immerhin schon deutlich geringer als im vorher beschriebenen Modell.

Es geht aber noch einfacher. Warum mit Plus und Minus arbeiten, wenn uns doch das sechsstufige Notensystem von Kindesbeinen an geläufig ist?

Eine Notentabelle führen

Geben Sie von vornherein Noten und gehen Sie nicht den Umweg über Verbalbeurteilungen oder Symbolsysteme. Sehen Sie selbst, wie einfach das ist:

Legen Sie eine solche Tabelle an – am besten mit einem Tabellenkalkulationsprogramm (Tipp 83):

› Tipp 83

	18.3.	19.3.	21.3.	25.3.	...
Anna					
Beril					
Clarissa					
...					

Drucken Sie die Tabelle aus und legen Sie sie in das Lehrbuch der betreffenden Klasse. Nach jeder Stunde setzen Sie sich sofort hin und geben ohne übertriebenes Nachdenken jedem anwesenden Schüler eine Note, sodass das Papier bald so aussehen könnte:

	18.3.	19.3.	21.3.	25.3.	...
Anna	1	2	krank	2	2
Beril	1	1	1	3	2
Clarissa	4	4	3	4	heiser
...					

Alles, was Sie am Ende des Bewertungszeitraums noch machen müssen, ist, die Endnote zu ermitteln. Diese können Sie arithmetisch berechnen (hierbei würde Ihnen das Tabellenkalkulationsprogramm gute Dienste leisten) oder festsetzen.

Der Vorteil des Verfahrens: Es geht schnell und gibt Ihnen das angenehme Gefühl, dass Sie aufgrund einer umfangreichen Datenlage entschieden haben. Auch Schülern leuchtet die Vorgehensweise ein, und Eltern, denen im Fall einer

Beschwerde das Papier vorgelegt wird, haben schlechte Karten, wenn die umfangreiche Datensammlung zu ihrem Schützling eindeutig ist. Niemand wird ernsthaft behaupten, dass Sie sich über zehn bis fünfzehn Stunden immerzu geirrt haben!

87 Mit Transparenz nicht übertreiben

Bitte verstehen Sie diesen Tipp nicht falsch: Transparenz in der Notengebung ist ein hohes Gut, das vollkommen außer Frage steht und nicht von Ungefähr schulrechtlich so bedeutsam ist. Nur: Man kann es mit der Transparenz auch übertreiben.

- Es genügt, wenn Sie den Schülern nur einmal pro Schuljahr zu einer Englischklausur einen ausformulierten Erwartungshorizont mitgeben.
- Verzichten Sie auf eine Powerpoint-Präsentation am Elternabend, in der Sie mit großer Gründlichkeit die Grundsätze der mündlichen Notengebung erklären
- Wenn ein Schüler seinen Leistungsstand wissen möchte, genügt es, wenn Sie erst in der Folgestunde für Klärung sorgen.
- Den wertenden Kommentar unter einem Englischaufsatz halten Sie kurz und bündig.

Um die Ecke gedacht

Verzichten Sie bei schriftlicher oder mündlicher Notenvergabe auf Mitleidsbekundungen (*Unfortunately, your grade is only sufficient*). Diese nähren den Eindruck, dass Sie viel lieber eine bessere Noten erteilt hätten, und wecken entsprechende Begehrlichkeiten.

Den PC beim Korrigieren nutzen

88

Sicherlich benutzen Sie den Computer beim Korrigieren für den einen oder anderen Vorgang. Vielleicht entdecken Sie aber in der folgenden Liste noch neue Bereiche, in denen der PC Ihnen beim Bewerten zur Seite stehen kann:

- Als Sie den Aufsatz von René lesen, haben Sie den Eindruck, dass er sich unzulässig weit von der gegebenen Fragestellung entfernt hat. Doch Sie brauchen nicht in Ihre Arbeitstasche abzutauchen, um das Papier mit der Fragestellung zu suchen, weil Sie das Dokument schon am PC geöffnet haben.
- Nora benutzt in ihrem Aufsatz die Wendung *to get to grips*. Geläufig ist Ihnen aber nur *to come to grips*. Den Griff zum Wörterbuch können Sie sich sparen, wenn Sie beispielsweise http://www.oxfordlearnersdictionaries.com am PC geöffnet haben. (Beide Wendungen sind korrekt.)
- Tobias benutzt an einer Stelle seines Aufsatzes *he dreamed*, an einer anderen *he dreamt*. Um Ihrem Schüler zutreffend zurückzumelden, ob die starke oder die schwache Form häufiger benutzt wird, brauchen Sie nicht Ihren befreundeten Linguistik-Professor anzurufen. Googeln Sie die jeweiligen Formen und sehen Sie, wie häufig diese auf Webseiten in England oder den USA vorkommen. (Noch wird die starke Form *dreamt* häufiger benutzt.)
- In der letzten Grammatikarbeit waren maximal 64 Punkte zu holen. In Ihrer Lerngruppe sind 29 Schüler, und dennoch machen Sie beim Zusammenrechnen der vielen Punkte keinen einzigen Fehler, weil das Tabellenkalkulationsprogramm das für Sie übernimmt (Tipp 83).
- Die letzte Arbeit in Ihrer Sechsten ist nicht gut ausgefallen. Dank Ihres Tabellenkalkulationsprogramms sehen Sie sofort, dass es vor allem bei der vierten Aufgabe Probleme gegeben hatte. Bei genauem Prüfen wird Ihnen klar, dass viele Schüler die Aufgabenstellung missverstanden hatten. Sie machen sich eine Notiz, damit Sie diese Aufgabe später nicht noch einmal in einer Klassenarbeit benutzen.

› Tipp 83

89 Die Hattie-Studie verstehen

Die Hattie-Studie ist wohl die derzeit wichtigste pädagogische Veröffentlichung des 21. Jahrhunderts. Dabei handelt es sich nicht um eine einzige Veröffentlichung, sondern um bislang drei Bücher, die der neuseeländische Pädagoge vorgelegt hat. Die (Kurz-)Titel sind „*Visible Learning*“ (2008), „*Visible Learning for Teachers*“ (2011) und „*Visible Learning and the Science of how we Learn*“ (2014).

Königsfrage der Pädagogik: Was hilft beim Lernen am besten?

Hattie stellt die vermeintlich einfache Frage nach der Effektstärke schulischer Einflussgrößen. Schlichter gesagt: Was hilft beim Lernen am besten? Zur Beantwortung dieser Königsfrage greift der Empiriker Hattie tief in die Trickkiste.

Um seinen Trick zu verstehen, muss man zunächst wissen: Es gibt Einzelstudien, die beispielsweise die Wirkung von Gruppenarbeit untersuchen. Und es gibt Untersuchungen, die, um bei dem Beispiel zu bleiben, die Ergebnisse aller verfügbaren Studien zur Gruppenarbeit bündeln. Solche Untersuchungen nennt man Metaanalysen. Deren Datengrundlage ist natürlich um ein Vielfaches breiter als bei Einzelstudien und die Aussagekraft ist dadurch höher.

Der oben genannte Trick bei Hattie ist: Seine Studie fasst alle verfügbaren Metanalysen zur Effektstärke schulischen Lernens zusammen. „*Visible Learning*“ ist somit quasi eine Meta-Metaanalyse. Die Zahlen, die dabei verarbeitet werden, lassen alles bisher Dagewesene alt aussehen – der Studie liegen die Testungen von mehr als 240 Millionen Menschen zugrunde.

Eine Zahl ist dabei besonders wichtig: d = 0,4. Dieser Wert markiert den *hinge point*. Eine Einflussgröße – dies kann beispielsweise eine Lehrmethode sein – gilt als überdurchschnittlich wirkungsmächtig, wenn sie über dem Wert von d = 0,4 liegt.

Ergebnisse aus der Hattie-Studie

Hier einige Ergebnisse, die für den (Englisch-)Unterricht bedeutsam sind (Hattie 2012, S. 251 ff.)

- *teacher clarity* d = 0,75
- *reciprocal teaching* d = 0,74
- *feedback* d = 0,73

- *spaced practice* d = 0,71
- *meta-cognitive strategies* d = 0,69
- *self-questioning* d = 0,64

Während sich *teacher clarity* auf den Lehrer bezieht, verweisen die anderen Einflussgrößen auf Lehrtechniken. Da es sich bei diesen pädagogischen Stellschrauben um solche mit sehr hoher Effektstärke handelt, lohnt es sich, sie genauer zu betrachten.

90 Fachdidaktische Rückschlüsse ziehen

Angesichts der Vielschichtigkeit und vor allem der Schlagkraft der Hattie-Studie ist es kaum verwunderlich, dass ein Kampf um deren Deutungshoheit entbrannt ist, und so werden vielerlei Rückschlüsse aus den Befunden Hatties gewonnen – zum Teil auch widersprüchliche.
Viele Folgerungen lassen sich aus „*Visible Learning*“ ziehen. Für den Fremdsprachenunterricht mögen drei zunächst genügen. Die erste Kernaussage fasst Andreas Helmke (2013) griffig zusammen, wenn er den Lehrer als „aktiven Lenker von Lernprozessen“ beschreibt. Das bedeutet, dass Lehrer führen müssen, und zwar bewusst. Offener Unterricht, ohne klare Regeln, ohne *scaffolding* (Tipp 56) und bar jeder Lenkung durchgeführt, wird wenig sichtbares Lernen nach sich ziehen.

› Tipp 56

Eine zweite Kernaussage ist: Von manchen Methoden, die schon lange im Ruf der Wirksamkeit standen, wissen wir nun, dass sie dies auch tatsächlich sind. Hierbei handelt es sich stets um schüleraktivierende Verfahren wie Lernen durch Lehren (Tipp 19) oder etwa das eigenständige Fragenstellen an einen Lerngegenstand (Tipp 54).

› Tipp 19
› Tipp 54

Inhalt der dritten Kernaussage der Studie ist, dass Schüler in einer Umgebung, in der Fehler willkommen sind, wirksam lernen – ein für den Fremdsprachenunterricht ganz wesentlicher Befund.

Wechselseitiges Lehren durchführen

91

› Tipp 89 Laut Hattie-Studie (Tipp 89) rangiert das wechselseitige Lehren (*reciprocal teaching*) im Bereich der Lehrtechniken mit d = 0,74 im Erfolgsranking ganz weit oben. Es gibt nur zwei effektivere – diese sind alltagsmethodisch jedoch weniger bedeutsam als das wechselseitige Lehren. Grund genug also, dieses unter die Lupe zu nehmen.

Wenn Lena Lina etwas erklärt, dann bringt das beide voran. Lena lernt nämlich, den Sachverhalt so aufzubereiten, dass er verständlich ist, und das kommt wiederum Lina zugute. Wechselseitiges Lernen kann groß- und kleinformatig durchgeführt werden. So lässt es sich durchaus zu einem abendfüllenden Lernarrangement ausbauen: Wenn bei-
› Tipp 54 spielsweise ein Buch im *reading club* besprochen (Tipp 54) oder ein Grammatikthema mit Lernen durch Lehren wie-
› Tipp 19 derholt wird (Tipp 19), dann ist *reciprocal teaching* der methodische Schwerpunkt einer oder sogar mehrerer Stunden.
› Tipp 41 Das Gruppenpuzzle oder das *corrupt summary* (Tipp 41) sind kleinformatiger; sie verwenden einen Stundenabschnitt auf das wechselseitige Unterrichten.

Auch noch kürzere Phasen können mit *reciprocal teaching* bestritten werden; man denke etwa an Vier-Augen-Gespräche, in denen sich zwei Lerner ihre Antworten zu einer Fra-
› Tipp 51 ge vorstellen (Tipp 51). Selbst das methodisch unspektakuläre gegenseitige Vokabelabfragen erscheint durch die Hattie-Brille in einem anderen Licht.

Gleich mal ausprobieren

Weil *reciprocal teaching* so wirkungsmächtig ist, stellen Sie sich beim Vorbereiten einer Lehrwerksstunde immer wieder diese Frage: Müssen alle Schüler alle Aufgaben bearbeiten, oder bietet sich Arbeitsteilung an, die wiederum wechselseitiges Lehren ermöglicht?

Die Lernenden laut denken lassen

92

Manche Lehrtechniken sind denkbar einfach – dafür aber erstaunlich wirksam. Das laute Denken (*self-questioning*) gehört, so zeigen es die Ergebnisse der Hattie-Studie, hierzu; es verfügt über eine nachgewiesene Effektstärke von d = 0,64 (Tipp 89, 90).

› Tipp 89, 90

Seien wir ehrlich: Obwohl wir aus unserer eigenen Lernerfahrung wissen, dass das laute Denken, das Laut-vor-sich-Hinreden und das Sich-selbst-Fragen-Stellen ungeheuer wirksam ist (oder haben Sie als Schüler ein Gedicht jemals anders auswendig gelernt?), setzen wir diese Lerntechnik selten im Englischunterricht ein. Dabei bietet unser Fach eine Menge geeigneter Verwendungszusammenhänge:

Einsatzgebiete für *self-questioning*

- Die Schüler Ihrer Sechsten haben das Erzählen einer Geschichte eingeübt (Tipp 55). Anstatt sofort einen ersten Vortragenden zu bestimmen, weisen Sie die Lernenden an, ihre Geschichten halblaut vor sich hin zu murmeln.

› Tipp 55

- Zur Wiederholung einer grammatischen Feinheit lassen Sie die Schüler Ihrer Neunten leise die Regeln aufsagen – bei Bedarf gerne in der Muttersprache.
- In der Zwölften haben Sie bei der Shakespeare-Lektüre die Begriffe *dramatic irony, soliloquy, blankverse, conceit* etc. eingeführt. Am Ende einer Doppelstunde bitten Sie die Schüler, die Augen zu schließen und die Begriffe, die Sie nun mit einem zeitlichen Abstand von jeweils einer Minute nennen, auf Englisch stumm „im Kopf" zu erläutern.
- Bei der Geschichte am Ende des Lehrwerkskapitels lassen Sie keine Fragen beantworten. Sie fordern die Lerngruppe vielmehr auf, eigene interessante Fragen zu entwickeln (Tipp 54).

› Tipp 54

Achtung!

Lautes Denken ist bei jüngeren Schülern offenbar wirksamer als bei älteren. In der Oberstufe sollte es also sparsamer eingesetzt werden und kann sich auf Szenarien beschränken wie den oben beschriebenen.

Üben: progressiv und verteilt

93

› Tipp 17

Jeder Lernbereich will gut getaktet geübt werden (Tipp 17). Eine neunzigminütige Doppelstunde mit *pattern drill* zum *simple past* bringt weniger als viermal fünfzehn Minuten, die in sinnvollen zeitlichen Abständen zueinander stehen und in sich zunehmend anspruchsvoll aufgebaut sind. Unterschiedlich ausgeprägtes *scaffolding* (Tipp 56) wird geboten, und dieses Differenzierungsprinzip wird durch das Gewähren von Wahlmöglichkeiten der Übungsaufgaben ergänzt (Tipp 70). Denn ein gewisses Maß an Autonomie wirkt sich auf das Üben günstig aus – nur so erklärt sich, warum Karin stundenlang Klavier übt, in Englisch aber schon nach zehn Minuten die Lust verliert.

› Tipp 56
› Tipp 70

Wenn Üben so gestaltet wird, dann kann man getrost von intelligentem Üben (*spaced practice*) sprechen. Dessen im Rahmen der Hattie-Studie ermittelte Effektstärke ist mit d = 0,71 beachtlich (Tipp 89).

› Tipp 89

Metakognitive Strategien anwenden

94

Metakognitive Strategien (*meta-cognitive strategies*) wirken sich günstig auf das Lernen aus, und entsprechend hoch ist ihre im Rahmen der Hattie-Studie gemittelte Effektstärke mit d = 0,69 (Tipp 89). Wenn ein Schüler ein Problem oder eine Aufgabe lösen muss, so kann er auf zwei Ebenen nachdenken: auf der Ebene des Problems (Wie lautet meine Lösung?) sowie auf der Ebene der Problemlösestrategie (Was hilft mir dabei, die Lösung zu finden?). Letzteres kennzeichnet die metakognitive Ebene. Hier eine kleine Auswahl metakognitiver Strategien (vgl. Hattie 2009, S. 190), die für den Englischunterricht besonders wichtig erscheinen:

› Tipp 89

Einsatzgebiete metakognitiver Strategien

- *organizing and transforming* mit d = 0,85 (zu einer Geschichte eine *summary* verfassen)
- *self-instruction* mit d = 0,62 (sich selbst halblaut die Regeln des dritten *if-clause* aufsagen, Tipp 92)

› Tipp 92

- *help-seeking* mit d = 0,60 (mit einem Lernpartner arbeiten)
- *keeping records* mit d = 0,59 (*note taking*)
- *rehearsing and memorizing* mit d = 0,57 (ein unregelmäßiges Verb so lange aufsagen, bis es beherrscht wird)

Das sind keine schlechten Nachrichten – denn metakognitive Strategien werden schon lange im Englischunterricht angewandt. Nun liegen jedoch empirische Beweise dafür vor, dass sie sich tatsächlich günstig auf das Lernen auswirken.

Auf eine Strategie sei an dieser Stelle noch einmal mit Nachdruck hingewiesen: *organizing and transforming* verfügt über eine Effektstärke von d = 0,89 – und ist im Hattie-Universum damit der Polarstern! Es lohnt sich also ungemein, Lernbereiche übersichtlich zu machen und sie umzuwandeln. Auch hier ein paar Beispiele aus dem Englischunterricht (vgl. Meyer 2004, S. 108 f.)

Beispiele für *organizing and transforming*

- Die Lernenden geben einen Text(abschnitt) in eigenen Worten wieder.
- Die Lernenden erstellen zu ihrer Ganzschrift ein Kapitelverzeichnis und eine Übersicht über das narrative Personal.
- Die Lernenden fassen einen Text in einer Mindmap, einem Flussdiagramm oder einer Tabelle zusammen.
- Die Lernenden finden eigene Beispielsätze für eine (bereits eingeführte) grammatische Besonderheit.

Feedback geben und nehmen

95

Dass Feedback einen ausgesprochen wichtigen Bestandteil des Lernens und Lehrens darstellt, ist nicht verwunderlich, ebenso wenig seine bei der Hattie-Studie ermittelte Effektstärke d = 0,73 (Tipp 89).

› Tipp 89

Dennoch liegt beim Feedback einiges im Argen. Beim Feedbackgeben haben Lehrer häufig Verhalten im Blick (*What's wrong with you? You are so loud today!*). Dabei ist dies nachweislich wenig lernförderlich. Effektives Feedback bezieht sich auf das Lernen. Mit drei eingängigen, aus der Schülerperspektive formulierten Fragen zeigt Hattie, wie der Lehrer Feedback in die richtige Bahn lenken kann:

Drei Kernfragen des Feedbacks

- *Where am I going?* (Was ist mein Ziel?)
- *How am I going?* (Wie komme ich voran?)
- *Where to next?* (Was muss ich als Nächstes tun?)

Jede dieser drei Grundfragen kann wiederum auf jede der drei Ebenen des Lernens angewandt werden – diese werden hier entsprechend ihres Vorkommens im Unterrichtsalltag gelistet:

- Die Ebene der Aufgabe. Hier geht es darum, ob der Schüler eine Aufgabe richtig gelöst oder ein Lernziel erreicht hat. (*This is not a summary. It is a re-narration because …*)
- Die Prozessebene. Hier geht es darum, ob der Schüler eine geeignete Strategie anwendet oder ob ihm möglicherweise eine zielführendere gezeigt werden muss. (*Reading does not help you learn the spelling of a word. Let me show you what else you can do to learn the spelling of a complicated word!*)
- Die Ebene der Selbstregulation. Hier geht es darum, ob der Schüler selbst in der Lage ist, eine alternative Herangehensweise zu finden. (*What else could you do if you don't know a word?*)

Ein so ausdifferenziertes Feedback kann große Wirksamkeit in Bezug auf das Lernen entfalten.
Das Feedbacknehmen durch den Lehrer geschieht im Unterrichtsalltag noch zu selten. Schüler melden ihren Lehrern nicht häufig genug zurück, wie sie deren Unterricht sehen. Dabei ist dies ein mächtiges Werkzeug zur Steigerung der Lernwirksamkeit (und der Unterrichtsqualität).
Probieren Sie es einfach mal aus und lassen Sie Ihre Schüler Ihren Englischunterricht anonym evaluieren – die oben genannten Leitfragen können Ihnen wertvolle Anhaltspunkte geben.

Achtung!

Da Feedback sich auf das Lernen und Lob auf die lernende Person bezieht, sollten diese Begriffe klar voneinander getrennt werden.

96 Für Klarheit sorgen

Teacher clarity rangiert mit einer Effektstärke von d = 0,75 ganz weit oben auf der Hitliste Hatties. Das überrascht uns nicht. Ein Blick in eine beliebige Abiturzeitung zeigt, dass diese Eigenschaft von Schülern geschätzt („strukturierter Unterricht“) und ihre Abwesenheit beklagt wird („total verplant“).
Schwieriger ist hingegen die Frage, wie Klarheit beim Unterrichten gestiftet werden kann. Dabei lassen sich aufgrund der eigenen Erfahrung als Beobachter von Unterricht wenigstens drei Bereiche ausmachen, in denen für Klarheit gesorgt werden kann.

(Körper-)Sprachliche Tricks

So kann (körper-)sprachlich beziehungsweise stimmlich Klarheit erzeugt werden durch:

- Akustische Verstehbarkeit: Der Lehrer spricht nicht zu leise oder gar mit dem Gesicht zur Tafel.
- Sprachliche Verstehbarkeit: Das Englisch des Lehrers ist dem Kenntnisstand der Lerngruppe angepasst (*You are entitled to cooperate* ist in einer sechsten Klasse ein ungeeigneter Aufruf zum gemeinsamen Handeln).
- Sprachliche Flüssigkeit: Es werden wenige Füllwörter wie *äh, well, you know* benutzt.
- Sprachliche Eindeutigkeit: Kernpunkte werden in kernige Hauptsätze gepackt und was von der Hauptaussage ablenkt, wird getilgt (Tipp 16). Arbeitsanweisungen zeigen eine geringe Anfälligkeit für Missverständnisse.
- Pädagogische Stimmführung: Der Lehrer setzt Betonung, Sprechgeschwindigkeit, Lautstärke und insbesondere Pausen zur bewussten Unterstreichung des Gesagten ein.

› Tipp 16

- Körpersprache: Der Lehrer markiert seine wichtigsten Aussagen durch Bewegung.

Didaktische Tricks

Auch auf didaktischer Ebene wird für Klarheit gesorgt, wenn dies gegeben ist:

› Tipp 12

- Sinnvolle didaktische Reduktion (Tipp 12): Der Lehrer weiß, dass nicht alles auf einmal behandelt werden kann, und wählt daher zunächst nur das Unabdingbare aus.
- Verzahnung: Der Lehrer gestaltet einzelne Stundenabschnitte so, dass sie ineinandergreifen und nicht unvermittelt nebeneinander stehen. Eine *pre-reading activity* etwa, die später nicht aufgegriffen wird, erscheint den Schülern als zweckfrei (Tipp 28).

› Tipp 28

- Progression: Ein Spannungsbogen vom Einfachen zum Schwierigen ist erkennbar – innerhalb der Stunde und innerhalb der Reihe.
- Didaktisch-methodische Passung: Eine *activity* ist geeignet, um eine bestimmte Zielsetzung tatsächlich zu erreichen. Ein Arbeitsauftrag wie *Work in groups of five and read the short story* ist wenig zielführend, weil sich Lesen nicht in der Gruppenarbeit vollzieht.

Methodische Tricks

Und zu guter Letzt kann Klarheit auch mit methodischen Kniffen hergestellt werden durch:

- Deutliche Zäsuren: Methodenwechsel, wobei der Beginn und das Ende eines Stundenabschnitts markiert werden. Gruppenarbeitsphasen werden tatsächlich aufgelöst, indem die Schüler angewiesen werden, ihre alten Sitzplätze wieder einzunehmen.
- Phasenklarheit: Schüler wissen, wie viel Zeit ihnen für eine Gruppenarbeit zur Verfügung steht und welche Präsentationsform von ihnen erwartet wird.
- Vermeiden von Verdunklungsgefahr: Manchmal sollen Schüler selbst das Thema einer Stunde erraten und werden dabei sanft gelenkt, etwa durch ein projiziertes Bild oder ein markiges Zitat. Gelegentlich gehen Lehrer sogar so weit, dass sie einen sogenannten stummen Impuls senden und schweigend die Schüler bei der Suche nach dem

Stundenthema beobachten. Von Methoden dieser Art, die Unklarheit zum Programm erheben, sollten Sie Abstand nehmen.

- Informierende Unterrichtseinstiege: Sagen Sie zu Beginn der Stunde, was auf dem Plan steht (*Today we will deal with South Africa. First, we will watch a short clip about this country so that you know the most basic facts. You will then work in groups and look on one of these facts in detail. At the end of the lesson, we will bring all your findings together*) – das kostet weder Zeit noch Kraft noch Papier.

Ostereierpädagogik vermeiden

Die Studie und der offene Unterricht

97

Ein Verdienst der Hattie-Studie ist ihre Evidenzbasierung. Zwar mag einem geisteswissenschaftlich gebildeten Lehrer der vermeintlich stiere Blick des Empirikers auf die Zahlen als schwer verdauliche Kost erscheinen. Die Studie hat aber auch einen unschlagbaren Vorteil: Sie führt pädagogische Grabenkämpfe *ad absurdum*. Wie viele Jahre haben Sie den erbitterten Kampf zwischen den Vertretern des lehrerzentrierten Unterrichts auf der einen und denen des schülerzentrierten Unterrichts auf der anderen Seite beobachtet oder gar ausgefochten? Mit der Hattie-Studie kann man einen Schlussstrich unter diesen Kampf ziehen – die ehedem verbitterten Feinde könnten bei einer Tasse Tee damit beginnen, gemeinsam Unterricht zu planen. Denn offener Unterricht *per se* ist nicht besser als frontal organisierter. Die Effektstärke des offenen Unterrichts liegt bei d = 0,01 und damit im sehr beschaulichen Bereich. Offener Unterricht nutzt demnach wenig – er schadet aber auch nicht.

Es geht also nicht um die Frage des Offenen oder des Gelenkten, sondern stets um die der Balance. Beides hat seine pädagogische Berechtigung, und ob eher lehrer- oder eher schülerzentriert unterrichtet werden soll, das bestimmt vor allem der Inhalt des Lerngegenstands. So wird auch im 21. Jahrhundert Klafkis Primat der Didaktik bestätigt.

Mit Fehlern umgehen

98

Ein interessanter Befund Hatties besagt, dass in einem fehlerfreundlichen Klassenzimmer besser gelernt wird. Was bei Hattie natürlich von allgemeinpädagogischer Warte aus festgestellt wird, trifft in besonderem Maß auf die Fremdsprachen zu, in denen der Umgang mit sprachlichen Fehlern eine große Rolle spielt.

Was in fremdsprachendidaktischen Seminaren seit alters her gesagt wird, ist nun mit harten Zahlen unterfüttert worden: Fehler sind kein Kainszeichen – sie gehören vielmehr zum Sprechen und Schreiben dazu. Doch während beim Umgang mit geschriebenen Fehlern weitgehend Klarheit herrscht – der Lehrer verbessert Fehler eben mit Positivkorrektur –, begegnen unerfahrenere Pädagogen mündlichen Fehlern bisweilen mit einer gewissen Ratlosigkeit. Und das nicht ohne Grund: Wer je mit einer achten Klasse eine belebtes Unterrichtsgespräch geführt hat, der weiß, dass sich bereits nach fünf Minuten Gespräch eine ganze Latte an sprachlichen Entgleisungen angesammelt hat. Nur: Wer soll diese wie und wann besprechen?

Wie mit mündlichen Fehlern umgehen?

Die hier folgenden goldenen Regeln helfen Ihnen beim Umgang mit mündlichen Fehlern (vgl. auch Thaler 2012, S. 318 f.):

- Verbessern Sie die gängigsten Fehler eines Englischlerners (*What means* x *in English? I want that you come)* mit deutscher Muttersprache.
- Verbessern Sie die gängigsten Fehler, die aufgrund vermeintlicher Unregelmäßigkeiten des sprachlichen Systems zustande kommen (*He go; she don't know*).
- Verbessern Sie Aussprachefehler, wenn sie die Eindeutigkeit der Aussage gefährden.
- Verbessern Sie Fehler, wenn Ihr didaktisches Ziel, wie bei einer Grammatikübung, Sprachrichtigkeit ist und nicht, wie bei einem Unterrichtsgespräch, Kommunikation.
- Verbessern Sie Fehler, wenn durch den methodischen Rahmen keine einzelnen Schüler exponiert sind, wie beispielsweise bei einer Präsentation.

- Verbessern Sie bei Schülern im ersten und zweiten Lernjahr besonders umsichtig.

Nun zur Frage des Wie. Natürlich gibt es eine Vielzahl möglicher Korrekturverfahren im Mündlichen. Wirksam, einfach und flott ist beispielsweise das Noch-einmal-richtig-Sagen durch den Lehrer – die *motherly correction* (Schüler: *Yesterday I goed to Neustadt*. Lehrer: *Ok, so you went to Neustadt*).

Die sogenannte *motherly correction*

Um die Ecke gedacht

Selbst Büchnerpreisträger machen in der Muttersprache angeblich Fehler und werden dafür von emsigen Sprachwächtern in Zeitungen und im Internet gerügt. Welche fremdsprachendidaktischen Rückschlüsse dies wohl zulässt?

De essentia magistri

99

In altmodischem Comenius-Stil ist die Überschrift des letzten Tipps gehalten, und das nicht ohne Grund. Denn die Aussagen, die Hattie über den Lehrer macht, sind nicht neu. Rufen wir uns die Bedeutung des lateinischen *magister* vor Augen, so werden die ursprünglichen Kerngedanken des Pädagogischen offensichtlich:

1. Vorsteher, Vorgesetzter, Aufseher, Meister
2. Lehrer, Lehrmeister
3. *(übertr.)* Führer, Ratgeber

Vergleichen Sie dazu die Kerngedanken Hatties:

Teachers need to be directive, influential, caring, and actively engaged in the passion of teaching and learning.

[…] *Teachers* […] *have proficient knowledge and understanding of their content to provide meaningful and appropriate feedback* […]. (Hattie 2009, S. 238)

Sie haben es gemerkt: Von einem Lehrer, der sich ausschließlich als Lernbegleiter, Moderator, als *guide by the side* versteht, ist hier ebenso wenig die Rede wie von einem unablässig frontal unterrichtenden Lehrer Lämpel.
Egal welche Begriffe man für dieses neu bestätigte alte Verständnis prägt – ob „pädagogische Führungskraft“ (Hoegg 2010, S. 18) oder „hochgradig steuerungsaktive Lehrperson“ (Felten/Stern 2012, S. 144) –, man kommt nicht umhin, dies anzuerkennen: Der Lehrer lehrt lernwirksam, wenn er *magister* ist.

(Die Verweise beziehen sich auf die jeweiligen Tipp-Nummern.)

LITERATURHINWEISE

Butzkamp, Wolfgang (2004): Lust zum Lehren, Lust zum Lernen. Eine neue Methodik für den Fremdsprachenunterricht. Tübingen: Francke.

Felten, Michael/Stern, Elsbeth (2012): Lernwirksam unterrichten. Im Schulalltag von der Lernforschung profitieren. Berlin: Cornelsen Scriptor.

Haß, Frank (Hrsg.) (2006): Fachdidaktik Englisch. Tradition – Innovation – Praxis. Stuttgart: Klett.

Hattie, John (2009): Visible Learning. A synthesis of over 800 meta-analyses relating to achievement. London: Routledge.

Hattie, John (2012): Visible Learning for Teachers. Maximizing Impact on Learning. London: Routledge.

Hattie, John/Yates, Gregory (2014): Visible Learning and the Science of How We Learn. London: Routledge.

Helmke, Andreas/Reinhardt, Volker (2010): Interview mit Prof. Dr. Andreas Helmke zur Hattie-Studie, interviewt von Prof. Dr. Volker Reinhardt. In: Lehren und Lernen 7, S. 8–15

Hoegg, Günther (2010): 99 Tipps. Den Schulalltag meistern. Berlin: Cornelsen Scriptor.

Hohwiller, Peter (2013): 99 Tipps. Korrekturen in sprachlichen Fächern. Berlin: Cornelsen Scriptor.

Kieweg, Maria/Kieweg, Werner (2002): Systematische Wortschatzarbeit im Schulalltag. In: Der Fremdsprachliche Unterricht Englisch 55, S. 20–27

Kieweg, Werner (2002): Die lexikalische Kompetenz zwischen Wunschdenken und Realität. In: Der Fremdsprachliche Unterricht Englisch 55, S. 4–10

Kleinschroth, Robert (2003): Sprachen lernen. Der Schlüssel zur richtigen Technik. Reinbek bei Hamburg: Rowohlt.

Meyer, Hilbert (2004): Was ist guter Unterricht? Berlin: Cornelsen Scriptor.

Schwarz, Hellmut/Rademacher, Jörg (2010): English G21. A5. Berlin: Cornelsen.

Thaler, Engelbert (2010): Lernerfolg durch Balanced Teaching. Berlin: Cornelsen Scriptor.

Thaler, Engelbert (2012): Englisch unterrichten. Grundlagen – Kompetenzen – Methoden. Berlin: Cornelsen.

Weißling, Harald/Yareham, Bob (2001): Video-Ideen für den Englischunterricht: Praktische Anregungen zum Einsatz authentischer Video-Materialien. Berlin: Cornelsen.